LOGÍSTICA E DISTRIBUIÇÃO FÍSICA

O selo **Dialógica** da Editora InterSaberes faz referência às publicações que privilegiam uma linguagem na qual o autor dialoga com o leitor por meio de recursos textuais e visuais, o que torna o conteúdo muito mais dinâmico. São livros que criam um ambiente de interação com o leitor – seu universo cultural, social e de elaboração de conhecimentos –, possibilitando um real processo de interlocução para que a comunicação se efetive.

Logística e distribuição física

Heráclito Lopes Jaguaribe Pontes
Marcos Ronaldo Albertin

Rua Clara Vendramin, 58 · Mossunguê
CEP 81200-170 · Curitiba · PR · Brasil
Fone: (41) 2106-4170
www.intersaberes.com
editora@editoraintersaberes.com.br

Conselho Editorial
Dr. Ivo José Both (Presidente)
Dr.ª Elena Godoy
Dr. Nelson Luís Dias
Dr. Neri dos Santos
Dr. Ulf Gregor Baranow

Editora-Chefe
Lindsay Azambuja

Supervisora editorial
Ariadne Nunes Wenger

Analista editorial
Ariel Martins

Preparação de originais
Masterpress

Capa
Laís Galvão dos Santos (design)
Stanislav Samoylik, ALPA PROD, Andrey_Popov, dreamnikon, chuyuss, Dmitry Kalinovsky e Monkey Business Images/Shutterstock (imagens)

Projeto gráfico
Cynthia Burmester do Amaral e
Silvio Gabriel Spannenberg (design)
Patrycja Ebis, Scanrail1, Marin de Espinosa, Wonggod Tapprapai, cybrain e Cool Vector Maker/Shutterstock (imagens)

1ª edição, 2017.
Foi feito o depósito legal.
Informamos que é de inteira responsabilidade dos autores a emissão de conceitos.

Nenhuma parte desta publicação poderá ser reproduzida por qualquer meio ou forma sem a prévia autorização da Editora InterSaberes.

A violação dos direitos autorais é crime estabelecido na Lei n. 9.610/1998 e punido pelo art. 184 do Código Penal.

Dados Internacionais de Catalogação na Publicação (CIP)
(Câmara Brasileira do Livro, SP, Brasil)

Pontes, Heráclito Lopes Jaguaribe
    Logística e distribuição física/Heráclito Lopes Jaguaribe Pontes, Marcos Ronaldo Albertin. Curitiba: InterSaberes, 2017. (Série Logística Organizacional)

    Bibliografia.
    ISBN 978-85-5972-456-1

    1. Cadeia de suprimentos – Administração 2. Distribuição física de produtos 3. Logística 4. Planejamento estratégico I. Albertin, Marcos Ronaldo. II. Título. III. Série.

17-05760   CDD-658.5

Índices para catálogo sistemático:
1. Logística: Administração de empresas 658.5

Sumário

12 APRESENTAÇÃO

14 COMO APROVEITAR AO MÁXIMO ESTE LIVRO

19 **1. LOGÍSTICA E CADEIA DE SUPRIMENTOS**

1.1 Logística 21
1.2 Introdução à cadeia de suprimentos 29
1.3 Gestão da cadeia de suprimentos 33
1.4 Colaborações e relacionamentos entre empresas na cadeia de suprimentos 36
1.5 A importância da distribuição física na cadeia de suprimentos 39

45 **2. LOGÍSTICA E SERVIÇO AO CLIENTE**

2.1 A distribuição física e o valor para o cliente 47
2.2 Interface entre a logística e o *marketing* para a satisfação do cliente 49
2.3 Identificação de focos de mercado por grupos de produtos 51
2.4 Serviço ao cliente na logística 54
2.5 Elementos do serviço ao cliente 56
2.6 Nível de serviço ao cliente 59
2.7 Gestão de relacionamento com o cliente 63

3. Introdução à distribuição física

3.1 Definição de *distribuição física* 73

3.2 Planejamento da distribuição física 75

3.3 Elementos da distribuição física 79

3.4 Principais atividades da distribuição física 84

3.5 Custos na distribuição física 85

3.6 Estratégias de distribuição 88

4. Canais de distribuição

4.1 Definição, objetivos e funções dos canais de distribuição 97

4.2 Propriedades dos canais de distribuição 100

4.3 Tipos de canais de distribuição 105

4.4 Como projetar e implementar um canal de distribuição 108

4.5 Avaliação dos membros do canal de distribuição 113

5. Transporte e roteirização de veículos na distribuição física

5.1 Transporte na logística de distribuição 121

5.2 Roteirização de veículos 125

5.3 Princípios da roteirização e programação de veículos 139

5.4 *Software* de roteirização 141

6. Terceirização na distribuição e operadores logísticos

6.1 Terceirização na logística e na distribuição física 151

6.2 Conceituação de operadores logísticos 153

6.3 Vantagens e riscos da utilização
de operadores logísticos......154

6.4 Diferenças entre prestador de serviço logístico
e operador logístico......157

6.5 Seleção do operador logístico......158

6.6 Papel do operador logístico na distribuição......159

6.7 Desafios aos operadores logísticos......160

6.8 Quarteirização logística
(*Fourth-Party Logistics* – 4PL)......161

167 7. **AVALIAÇÃO DE DESEMPENHO LOGÍSTICO E DESAFIOS DA LOGÍSTICA NO MERCADO ATUAL**

7.1 Avaliação de desempenho logístico......169

7.2 *Benchmarking*......176

7.3 Desafios da distribuição física
no mercado atual......180

7.4 Uso da tecnologia da informação
na distribuição física......182

7.5 Distribuição física no comércio eletrônico......184

190 PARA CONCLUIR...

191 LISTA DE ABREVIATURAS E SIGLAS

193 REFERÊNCIAS

200 RESPOSTAS

215 SOBRE OS AUTORES

Dedico esta obra à minha mãe, Regina Jaguaribe, ao meu padrasto, André Haguette, ao meu filho amado, Pedro Jaguaribe, e à minha esposa, Melina Jaguaribe, em agradecimento pelo carinho, amor e dedicação que me foram conferidos.

Heráclito Lopes Jaguaribe Pontes

Dedico esta obra aos meus pais, Adalberto Julio (*in memoriam*) e Chryseldes Waly Albertin, aos meus filhos amados, Larissa e Yan, e à minha inseparável companheira, Renata Santos Lima.

Marcos Ronaldo Albertin

Agradecemos

as contribuições dos alunos Marcel Rocha Fonteles Vieira e Wendel Coelho Silva, bolsistas do Programa de Educação Tutorial do curso de Engenharia de Produção Mecânica da Universidade Federal do Ceará (UFC), e do aluno Pedro Celestino de Oliveira Neto.

APRESENTAÇÃO

A contribuição da logística, mais especificamente da distribuição física, para o desenvolvimento empresarial motivou-nos a redigir este livro de forma simples, didática e objetiva, com o intuito de demonstrar nossa experiência como consultores e professores universitários. Assim, procuramos apresentar aqui muitos exemplos, de fácil leitura e compreensão, que possam despertar o interesse de utilizar no meio organizacional conceitos e técnicas ligados à logística.

Atualmente, com a grande competitividade dos mercados, o aumento da concorrência e o incremento da variedade de produtos e serviços, as empresas buscam eficiência e eficácia em suas atividades agregadoras de valor. Nesse contexto, a logística permite que produtos e serviços estejam disponíveis aos consumidores no lugar certo e na hora certa – o que pode ser um poderoso propulsor de sucesso para a empresa. Quando bem gerenciadas, as atividades logísticas de suprimento, produção e distribuição proporcionam a geração de uma vantagem competitiva.

Com relação à distribuição, ou distribuição física, foco principal deste livro, podemos afirmar que se trata de uma atividade essencial no âmbito da logística e que abrange diversos custos representativos para a empresa, pois possibilita que os produtos e os serviços sejam disponibilizados aos clientes.

Como forma de organizarmos nossa abordagem sobre o assunto, estruturamos o livro em sete capítulos:

No Capítulo 1, apresentamos uma introdução aos conceitos de logística e cadeia de suprimentos.

No Capítulo 2, enfocamos a logística e o valor para o cliente, a definição do nível de serviço e o relacionamento com os clientes.

No Capítulo 3, tratamos da importância dos elementos da distribuição física.

Nos Capítulos 4, 5 e 6, detalhamos as atividades da cadeia de valor e os custos logísticos, bem como abordamos o transporte e a roteirização, a terceirização e os operadores logísticos, respectivamente.

No Capítulo 7, analisamos as formas de avaliar o desempenho logístico e destacamos os desafios da logística no mercado atual.

Para o máximo aproveitamento do conteúdo aqui trabalhado, recomendamos que você resolva os exercícios propostos em cada capítulo e que atente a todos os estudos de caso e exemplos ofertados ao longo da obra.

Como aproveitar ao máximo este livro

Este livro traz alguns recursos que visam enriquecer seu aprendizado, facilitar a compreensão dos conteúdos e tornar a leitura mais dinâmica. São ferramentas projetadas de acordo com a natureza dos temas que vamos examinar. Veja a seguir como esses recursos se encontram distribuídos no decorrer desta obra.

CONTEÚDOS DO CAPÍTULO
LOGO NA ABERTURA DO CAPÍTULO, VOCÊ FICA CONHECENDO OS CONTEÚDOS QUE NELE SERÃO ABORDADOS.

CONTEÚDOS DO CAPÍTULO:
- Introdução à logística e à cadeia de suprimentos.
- Conceito e importância da gestão da cadeia de suprimentos.
- Análise dos relacionamentos entre os elos da cadeia de suprimentos.
- Importância da distribuição física para a cadeia de suprimentos.

APÓS O ESTUDO DESTE CAPÍTULO, VOCÊ SERÁ CAPAZ DE:
VOCÊ TAMBÉM É INFORMADO A RESPEITO DAS COMPETÊNCIAS QUE IRÁ DESENVOLVER E DOS CONHECIMENTOS QUE IRÁ ADQUIRIR COM O ESTUDO DO CAPÍTULO.

APÓS O ESTUDO DESTE CAPÍTULO, VOCÊ SERÁ CAPAZ DE:
1. definir *logística* e *cadeia de suprimentos*;
2. compreender a importância da gestão da cadeia de suprimentos;
3. analisar as colaborações e os relacionamentos em uma cadeia de suprimentos;
4. compreender a distribuição física como uma atividade fundamental da cadeia de suprimentos.

ESTUDO DE CASO

ESTA SEÇÃO TRAZ AO SEU CONHECIMENTO SITUAÇÕES QUE VÃO APROXIMAR OS CONTEÚDOS ESTUDADOS DE SUA PRÁTICA PROFISSIONAL.

Estudo de Caso
Sistema de distribuição da Opel, na Alemanha

A Adam Opel AG (mais conhecida como Opel) é uma fabricante de automóveis com sede na Alemanha e subsidiária da General Motors (GM) desde 1929. A empresa foi fundada por Adam Opel, em 1863, como uma fábrica de máquinas de costura. Em 1886, passou a produzir bicicletas e, em 1899, passou a produzir automóveis e vem mantendo esse tipo de produção até os dias de hoje.

Na cidade alemã de Bochum, a Opel fabrica carros como Kadett, Astra e Zafira e possui um grande centro de distribuição (CD). Recebe produtos GM de fabricantes de peças originais e distribui (via trem, veículos e avião) para concessionárias localizadas no mundo inteiro.

Vamos considerar, por exemplo, um funcionário que trabalha nesse CD como coletor de peças. Ele recebe um pedido com uma lista de produtos, em que estão indicados o cliente e seu endereço, e percorre os corredores com um carrinho motorizado, recolhendo peças GM original das estantes. Cada peça recolhida é identificada pelo código de barras e, assim, o funcionário pode dar baixa automática no estoque. Em seguida, recolhe os produtos e etiqueta e embala conforme requerido, seguindo algumas regras, como:

- produtos frágeis, como para-brisas, são identificados com etiquetas vermelhas;
- baterias não podem ser transportadas via aérea e precisavam de uma embalagem especial à prova de vazamentos;
- alguns países (por exemplo, os do Oriente Médio) não aceitam mercadorias produzidas em determinados países;
- conforme a localização do cliente, é definido o modal mais apropriado;
- concessionárias europeias recebem seus pedidos em até 24 horas.

SÍNTESE

VOCÊ DISPÕE, AO FINAL DO CAPÍTULO, DE UMA SÍNTESE QUE TRAZ OS PRINCIPAIS CONCEITOS NELE ABORDADOS.

Síntese

Neste capítulo, mostramos como a terceirização da logística vem aumentando nos últimos anos e esclarecemos que isso se deve a fatores como a crescente exigência de redução de estoques, o desejo pela minimização de custos e pela melhoria do nível de serviço e a competição globalizada. Por meio da terceirização das atividades de suporte, as empresas podem se dedicar às suas atividades centrais.

Como os PSLs e os OLs são os principais participantes na terceirização da logística, neste capítulo foram detalhadas as diferenças entre eles. Além disso, destacamos algumas vantagens e riscos oferecidos pela utilização de um OL, assim como a forma de seleção de um OL e os principais desafios presentes na terceirização das atividades logísticas.

Por último, apresentamos o conceito de quarteirização logística (4PL) e como esta pode ser um dos desafios para os OLs atuais. Por meio da 4PL, é possível ampliar as colaborações na cadeia de suprimentos, o que pode resultar em maior oferta de produtos e serviços.

Questões para revisão

1. Com relação à terceirização, indique se as afirmações a seguir são verdadeiras (V) ou falsas (F):
   ( ) As empresas terceirizam suas atividades logísticas com o intuito de reduzir os estoques, minimizar os custos e atender à demanda dos clientes por melhores serviços e produtos.
   ( ) Quando uma empresa terceiriza suas atividades logísticas de apoio, ela passa a dedicar mais tempo as suas atividades principais.

Questões para revisão

1. Avalie se a seguinte afirmação é verdadeira (V) ou falsa (F):
   ( ) Define-se *gestão da cadeia de suprimentos* (GCS) como a relação entre o produtor e o distribuidor, com o objetivo de encontrar formas para que ambos alcancem o máximo de lucratividade na colaboração mútua, voltada para o cliente.

2. Avalie se a seguinte afirmação é verdadeira (V) ou falsa (F):
   ( ) A logística de suprimentos é o ramo da logística empresarial que corresponde ao conjunto de operações associadas ao fluxo de materiais e informações, desde a fonte de matérias-primas até a entrada da fábrica. Envolve as relações empresa-fornecedores, cuja integração representa papel decisivo nos custos da empresa.

3. Leia a definição a seguir e depois indique o conceito a que ela se refere:
   Integração dos processos logísticos que formam determinado negócio, desde os fornecedores de primeira camada até o usuário final, proporcionando produtos, serviços e informações que agregam valor para o cliente.
   a) Logística de distribuição.
   b) Administração da produção.
   c) Cadeia de suprimentos.
   d) Logística interna.
   e) Logística de suprimentos.

4. Cite um caso real para exemplificar cada uma da atividades da logística empresarial.

5. Explique a postura atual do relacionamento entre as empresas distintas em uma cadeia de suprimentos com vistas à promoção da competitividade da cadeia como um todo. Compare essa postura com a que se praticava antes da adoção da prática atual.

QUESTÕES PARA REVISÃO
COM ESTAS ATIVIDADES, VOCÊ TEM A POSSIBILIDADE DE REVER OS PRINCIPAIS CONCEITOS ANALISADOS. AO FINAL DO LIVRO, OS AUTORES DISPONIBILIZAM AS RESPOSTAS ÀS QUESTÕES, A FIM DE QUE VOCÊ POSSA VERIFICAR COMO ESTÁ SUA APRENDIZAGEM.

---

2. Com relação aos operadores logísticos, indique se as afirmações a seguir são verdadeiras (V) ou falsas (F):
   ( ) Os operadores logísticos estão diretamente ligados à terceirização, mas são responsáveis por apenas uma ou poucas atividades.
   ( ) Os principais riscos que podem ocorrer na utilização de um operador logístico são: o risco estratégico, o risco comercial e o risco gerencial.

3. Observe a definição a seguir e assinale a alternativa que melhor a representa:
   "É um elemento integrador da cadeia de suprimentos que agrupa e gerencia recursos, capacidades e tecnologias próprias e de outros prestadores de serviços, para oferecer uma solução ampla" (Gatti Junior, 2009, p. 5).
   a) Operador logístico.
   b) Prestador de serviço logístico.
   c) Quarteirizador logístico.
   d) Gestor logístico.
   e) Nenhuma das alternativas anteriores.

4. Cite três atividades logísticas terceirizadas em situações reais.

5. Suponha que você ficou responsável por decidir se a distribuição física da empresa em que trabalha será ou não terceirizada. Quais levantamentos e informações você julga necessários para tomar essa decisão?

Questões para reflexão

1. A tendência atual da logística é terceirizar seus serviços. Explique esse fato.
2. O que é um operador logístico? Exemplifique.
3. Cite vantagens e riscos da utilização de operadores logísticos.
4. Cite fatores a serem considerados na contratação de um operador logístico.
5. O que é quarteirização logística? Quais vantagens oferece?

QUESTÕES PARA REFLEXÃO
NESTA SEÇÃO, A PROPOSTA É LEVÁ-LO A REFLETIR CRITICAMENTE SOBRE ALGUNS ASSUNTOS E TROCAR IDEIAS E EXPERIÊNCIAS COM SEUS PARES.

PARA SABER MAIS
VOCÊ PODE CONSULTAR AS OBRAS INDICADAS NESTA SEÇÃO PARA APROFUNDAR SUA APRENDIZAGEM.

Para saber mais

Legislação

BRASIL. Senado Federal. Projeto de Lei n. 4.330, de 2004. Dispõe sobre o contrato de prestação de serviço a terceiros e as relações de trabalho dele decorrentes. Disponível em: <http://www.camara.gov.br/proposicoesWeb/fichadetramitacao?idProposicao=267841>. Acesso em: 29 jun. 2017.

Essa lei, conhecida como *Lei da Terceirização*, "regula o contrato de prestação de serviço e as relações de trabalho dele decorrentes quando o prestador for sociedade empresarial que contrate empregados ou subcontrate outra empresa para a execução do serviço" (art. 1º).

Site

ABOL – Associação Brasileira de Operadores Logísticos. Disponível em: <http://abolbrasil.org.br/>. Acesso em: 29 jun. 2017.

Nesse site você encontrará mais informações sobre operadores logísticos no Brasil.

Logística e cadeia de suprimentos

CONTEÚDOS DO CAPÍTULO:

- Introdução à logística e à cadeia de suprimentos.
- Conceito e importância da gestão da cadeia de suprimentos.
- Análise dos relacionamentos entre os elos da cadeia de suprimentos.
- Importância da distribuição física para a cadeia de suprimentos.

APÓS O ESTUDO DESTE CAPÍTULO, VOCÊ SERÁ CAPAZ DE:

1. definir *logística* e *cadeia de suprimentos*;
2. compreender a importância da gestão da cadeia de suprimentos;
3. analisar as colaborações e os relacionamentos em uma cadeia de suprimentos;
4. compreender a distribuição física como uma atividade fundamental da cadeia de suprimentos.

1.1 Logística

Produtos e serviços não têm valor a menos que estejam em poder dos clientes onde (lugar) e quando (tempo) eles pretendem consumi-los (Ballou, 2006). Por exemplo: em um evento artístico ou esportivo, uma lanchonete só terá valor para o cliente se tiver fácil acesso, uma boa infraestrutura e um estoque suficiente para atender à demanda.

Nesse contexto, a logística, ou logística empresarial, agrega os valores de tempo, lugar, qualidade e informação à cadeia produtiva, bem como visa eliminar do processo tudo o que não signifique valor para o cliente. Assim, integra os processos internos (entre departamentos) e externos – reunindo, dessa forma, fornecedores e clientes (Novaes, 2007).

Como a missão da logística é fazer com que produtos e serviços estejam disponíveis aos consumidores no lugar, na hora e na condição desejada, da maneira mais lucrativa possível, o objetivo do profissional da logística é disponibilizar os bens certos no lugar certo, na hora certa e na condição certa, com o menor custo possível (Ballou, 2006).

Logística: Segundo o Council of Logistics Management (citado por Ballon, 2006, p. 27), "é o processo de planejamento, implementação e controle do fluxo eficiente e economicamente eficaz de matérias-primas, estoque em processo, produtos acabados e informações relativas desde o ponto de origem até o ponto de consumo, com o propósito de atender às exigências dos clientes".

Com isso, podemos afirmar que

a logística é o processo de gestão estratégica da aquisição, da movimentação e da armazenagem de materiais, peças e estoques finais (e os fluxos de informação relacionados) por meio da organização e seus canais de comercialização, de tal forma que a rentabilidade atual e futura sejam maximizadas por meio da execução de pedidos, visando custo-benefício. (Christopher, 2013, p. 2)

Exemplo: Um festival de música engloba diversas atividades logísticas que agregam os valores de tempo e lugar. Algumas dessas atividades são: a data de realização; a localização do evento; a capacidade do local de realização; as vias de acesso ao evento; a quantidade e a localização de estoque para alimentação, entre outras.

A Figura 1.1 mostra as principais atividades da logística empresarial, que podem ser divididas em:

- **Suprimento físico ou logística de suprimentos:** refere-se às atividades logísticas entre os fornecedores e a produção. Exemplos: compras, processamento do pedido, transporte, programação de entregas e recebimento de material.

- **Logística interna ou logística de planta:** é denominada *área de apoio à manufatura* e tem por finalidade gerenciar o estoque de produtos em processo durante as etapas de produção até a entrega dos produtos acabados para a logística de distribuição. Exemplos: as atividades de armazenagem e acondicionamento, a movimentação interna e a gestão dos estoques de produtos em processo.

- **Distribuição física ou logística de distribuição:** são as atividades logísticas após a produção até a entrega ao cliente. Exemplo: programação de produtos a serem entregues, transporte, processamento de pedidos, embalagem do produto e distribuição.

Figura 1.1 Atividades da logística empresarial

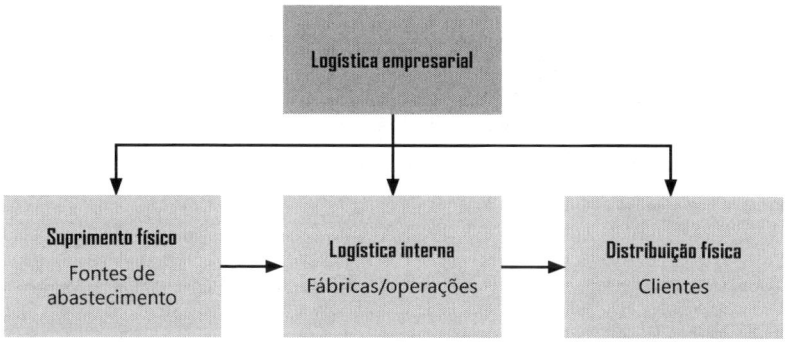

Fonte: Adaptado de Ballou, 2006, p. 31.

As atividades da logística empresarial apresentadas na Figura 1.1 serão detalhadas nas próximas seções e ilustradas por meio de estudos de casos.

1.1.1 Logística de suprimentos

A logística de suprimentos, ou abastecimento físico, compreende as atividades desde a obtenção das matérias-primas com os fornecedores até a fabricação dos produtos acabados. Assim, tem como função tornar o insumo disponível para a produção no momento desejado e ao menor custo possível.

As atividades de suprimentos podem ser divididas em:

- **Planejamento do suprimento:** definição da quantidade que dever ser comprada de cada insumo e análise das fontes de suprimentos com relação à localização, à tecnologia utilizada e às condições de prazos e entregas.
- **Compras:** negociação com fornecedores, seguida da solicitação de pedidos, da definição do transporte a ser utilizado entre o fornecedor e a empresa, da definição da forma de pagamento dos insumos e da realização da programação das entregas.

A logística de suprimentos abrange atividades relacionadas com a obtenção de produtos e materiais de fornecedores externos, o que inclui a execução do planejamento de recursos, a localização de fontes de suprimentos, a negociação nos processos de compra, a colocação de pedidos, o transporte de saída, o recebimento e a inspeção dos insumos, a armazenagem e o manuseio das matérias-primas e a garantia de qualidade.

Além disso, essas atividades incluem a responsabilidade pela coordenação com fornecedores em áreas como programação e continuidade de suprimento, assim como pesquisas que levem a novas fontes ou programas de suprimento. Nesse contexto, podemos afirmar que o principal objetivo do suprimento é apoiar a produção, proporcionando a realização de compras em tempo hábil e ao menor custo total (Bowersox; Closs, 2001).

No estudo de caso a seguir, apresentamos o exemplo do processo de suprimento de uma empresa atacadista de grande porte, localizada em Poços de Caldas, no sul de Minas Gerais. Essa empresa comercializa seus produtos nos estados de Minas Gerais e São Paulo.

Estudo de caso

Logística de suprimentos de um atacadista

A empresa é composta por um centro de distribuição (CD), situado em Poços de Caldas – MG, com 15.000 m2 de área de armazenagem e responsável pela distribuição de 4.000 produtos industrializados. O público alvo da empresa são pequenos e médios clientes varejistas, que estão distribuídos geograficamente em 154 praças, que podem ser cidades, municípios ou distritos. Estas praças estão agrupadas em 15 zonas, denominas pela empresa de microrregiões de trabalho.

[...]
As compras iniciam a movimentação e armazenagem dos produtos, que posteriormente são enviados aos clientes conforme seus pedidos. Após as compras, os compradores informam ao departamento de transportes, via e-mail, quando (data – previsão e tolerância máxima para retirada), onde (fornecedor, endereço do

fornecedor, referência e cidade) e o que coletar (produtos, especificações dos produtos, peso, volume). A partir desta comunicação o departamento de transporte é responsável por realizar a programação do veículo para buscar os produtos. Esta programação e retirada do produto no fornecedor é denominada coleta. Para atender os diversos clientes da empresa, a distribuição física conta com uma logística baseada no polo/central, ou seja, concentra os produtos recebidos dos fornecedores no CD de Poços de Caldas [...].

Fluxograma de suprimentos do atacadista

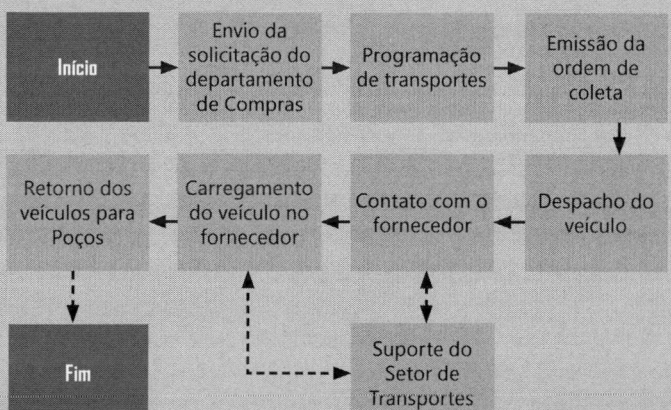

Fonte: Adaptado de Enomoto; Lima, 2007, p. 101.

[...]
A empresa possui operações distintas de coleta e entrega na distribuição física. A maior parte das coletas da empresa corresponde a um par "origem–destino", ou seja, sistema um-para-um, onde um único fornecedor completa a carga do veículo. A empresa atualmente possui em seu cadastro 4.100 fornecedores, que estão presentes em vários Estados e cidades distribuídas pelo Brasil. Diante desta quantidade e de sua distribuição, muitas vezes os veículos da empresa não conseguem atender a demanda, o que leva à terceirização de veículos para trabalhar com as cargas excedentes.

Fonte: Enomoto; Lima, 2007, p. 99-101.

1.1.2 Logística interna

A logística interna, ou intralogística, refere-se ao processo de descarregamento, estocagem, armazenagem, movimentação ou manuseio, separação dos pedidos e carregamento dos materiais dentro de uma empresa. Essas atividades ocorrem em apoio à produção e ligam o suprimento físico à distribuição física.

A logística interna tem evoluído consideravelmente nos últimos anos, passando de atividade manual para atividade automatizada. Essa transformação ocorre em virtude do aumento da complexidade das atividades da intralogística, em decorrência da maior variedade e quantidade de produtos e da necessidade de um melhor aproveitamento dos espaços, além da necessidade de redução das movimentações desnecessárias.

Estudo de caso

Logística interna de uma distribuidora de ração animal

Uma empresa distribuidora de ração animal realizou uma pesquisa com seus profissionais de logística sobre as possíveis melhorias que poderiam ser feitas em sua logística interna por meio da análise de seu armazém. Alguns problemas detectados no levantamento de dados e informações foram:

- Havia uma grande quantidade de erros na separação de pedidos com resultado da falta de um espaço específico para a separação de produtos e da falta de uma política definida para a separação de produtos por pedido.
- O espaço do armazém é subutilizado em virtude da organização do estoque e da não utilização do espaço vertical. Essa subutilização torna o armazém pequeno para a quantidade de itens em estoque, o que ocasiona danos a alguns produtos no momento da movimentação ou estragos nas embalagens.

A fim de solucionar alguns problemas encontrados na logística interna do armazém, algumas medidas foram tomadas:

a) Os produtos foram armazenados de acordo com a rotatividade, ou seja, os produtos que mais eram vendidos foram alocados em áreas próximas ao carregamento e ao descarregamento dos veículos de transportes.

b) Foram adquiridas prateleiras, e os produtos foram alocados em dois andares (além do térreo), utilizando-se melhor o espaço vertical. Essa altura de empilhamento foi definida com base na resistência das embalagens.

c) Com a aquisição das prateleiras, foram definidos os endereços para cada espaço livre, possibilitando a definição de uma política de separação de pedidos com base na localização de cada produto.

Os resultados obtidos com as soluções implantadas foram:

- redução de retrabalhos na separação dos pedidos;
- redução de erro nos pedidos separados;
- melhoria da utilização do espaço do armazém, possibilitando melhor movimentação dos produtos; e
- redução de danos nos produtos e nas embalagens.

1.1.3 Logística de distribuição

Conforme Novaes (2007, p. 123), "a distribuição física de produtos ou distribuição física são os processos operacionais e de controle que permitem transferir os produtos desde o ponto de produção até o ponto em que a mercadoria é finalmente entregue ao consumidor". Assim, como explicam Faria e Costa (2005), a logística de distribuição cria valor de lugar para o cliente, pois permite que os produtos sejam entregues nos locais de consumo desejados pelos consumidores.

Além do valor de lugar, a distribuição física também cria valor de tempo para o cliente, como acontece, por exemplo, no caso da distribuição de jornais pela manhã nas bancas e ruas da cidade, em que a logística de distribuição garante que o jornal chegue, todos os dias, às casas de milhares de brasileiros.

De acordo com Farah Junior (2002), a logística de distribuição disponibiliza produtos onde e quando estes são necessários, coordenando fluxos de mercadorias e de informações de pontos de vendas dos mais variados bens e serviços.

Estudo de caso

Logística de distribuição de frutas no Brasil e no exterior

As bananas são cultivadas em fazendas de pequeno e grande porte em todo o território brasileiro. Na maioria das situações, a logística de distribuição dos pequenos produtores consiste em colher as frutas, embalá-las, transportá-las e comercializá-las com as Centrais Estaduais de Abastecimento (Ceasas) – de onde elas são vendidas para os supermercados e chegam até o consumidor final. No caso dos grandes produtores, a maior parte da produção é comercializada diretamente com as grandes redes de supermercados.

Outra possibilidade de venda para os produtores de banana é a exportação. Essa distribuição é importante, pois os preços praticados no mercado internacional são, muitas vezes, superiores aos preços praticados no mercado nacional. Nesse caso, o número de intermediários aumenta e torna a logística de distribuição mais complexa. Em virtude das distâncias dos mercados consumidores externos, a conservação das frutas é realizada em câmeras frias, nas quais passam por atividades como lavagem, pré-resfriamento e resfriamento.

No caso da banana brasileira, a logística de distribuição das exportações ocorre da seguinte maneira: os estados do Sul e do Sudeste destinam suas produções, principalmente, para os mercados argentinos e uruguaios, enquanto o Rio Grande do Norte e o Ceará para o mercado europeu, destacando-se neste a Alemanha, o Reino Unido, a Espanha e a Holanda. Observa-se que o mercado europeu, além de mais seguro, garante ao setor melhores resultados financeiros.

> Nesse contexto, entendemos que os principais entraves para o sucesso da logística de distribuição de bananas são: a necessidade de investir em transporte especializado com câmeras frias; a necessidade de haver uma maior quantidade de armazéns ao longo dos integrantes da distribuição; a grande burocracia para exportação e as diferenças de taxas de impostos entre os estados. Portanto, a logística de distribuição agregar os valores de lugar e tempo aos produtores da banana brasileira. A distribuição agrega valor de lugar quando possibilita que seja realizada a entrega da banana no Brasil e no exterior e agrega valor de tempo quando possibilita que essa entrega seja feita no momento certo e na quantidade solicitada pelos clientes.

1.2 INTRODUÇÃO À CADEIA DE SUPRIMENTOS

Antes da década de 1980, o modelo de gestão adotado pelas organizações era constituído de estruturas verticalizadas, em que as operações necessárias à produção e disponibilização de produtos aos clientes finais eram executadas por uma única empresa (Leite, 2004).

Nas últimas décadas, desenvolveu-se uma tendência de as empresas se concentrarem em suas competências essenciais (*core competences*), transferindo para outras empresas as atividades não essenciais. Esse processo de horizontalização, ou desverticalização, provocou o aumento da quantidade de participantes na cadeia produtiva, bem como levou a um aumento no grau de complexidade das operações nas cadeias de suprimentos (Leite, 2004).

O conceito de *cadeia de suprimentos* surgiu como a evolução da logística integrada, concebida na década de 1960. Até então, a logística integrava departamentos que antes eram considerados "silos", trabalhando individualmente com objetivos próprios. Já a cadeia de suprimentos integra os processos internos e externos, incluindo qualquer negócio que interligue fornecedores e consumidores finais (Figueiredo; Fleury; Wanke, 2000).

A globalização dos mercados, por conta do surgimento de produtos com ciclos de vida cada vez mais curtos, e a ampliação das expectativas dos consumidores forçam o setor produtivo das empresas a concentrar esforços e a investir nas cadeias de suprimentos (Simchi-Levi; Kaminsky; Simchi-Levi, 2010). Assim, Lambert, Cooper e Pagh (1998, p. 6) indicam que os membros de uma cadeia de suprimentos podem ser divididos em primários e de apoio. De acordo com esses autores, os **primários** são empresas ou unidades de negócios que agregam valor ao longo da cadeia de determinado produto e/ou serviço. Já os **membros de apoio** são empresas que fornecem recursos e conhecimento, dando suporte aos membros primários da cadeia de suprimentos, sem, contudo, participar diretamente no processo de agregação de valor.

De acordo com Simon e Pires (2003, p. 60), três dimensões estruturais são essenciais para a descrição, análise e gestão das cadeias de suprimentos:

1. **Estrutura horizontal**: refere-se ao número de camadas (*tiers*) de fornecedores e de clientes da cadeia de suprimentos (fornecedores de primeira camada, fornecedores de segunda camada etc.). Os fornecedores diretos da empresa são fornecedores de primeira camada; os clientes diretos são clientes de primeira camada. As empresas que dão supore ao fornecedor direto são fornecedores de segunda camada; os clientes do cliente direto são clientes de segunda camada, e assim por diante. A estrutura horizontal pode ser longa, com muitas camadas, ou curtas, com poucas camadas.

2. **Estrutura vertical**: refere-se ao número de fornecedores e clientes dentro de cada camada. Uma empresa pode ter uma estrutura vertical estreita, com poucas companhias em cada nível de camada, ou uma estrutura vertical larga, com muitos fornecedores e/ou clientes em cada nível de camada.

3. **Posição horizontal da empresa**: refere-se à localização da cadeia de suprimentos. A empresa pode estar posicionada no início ou perto do início da cadeia (lado dos fornecedores), pode encontrar-se no final ou próxima do final (lado dos clientes) ou, ainda, em algum lugar entre esses dois extremos.

A Figura 1.2 detalha as três dimensões estruturais de uma cadeia de suprimentos com base em uma empresa focal – a qual é o foco da análise e está no centro de uma rede de entidades interligadas e inter-relacionadas, mas independentes.

Figura 1.2 Estrutura da rede de uma cadeia de suprimentos

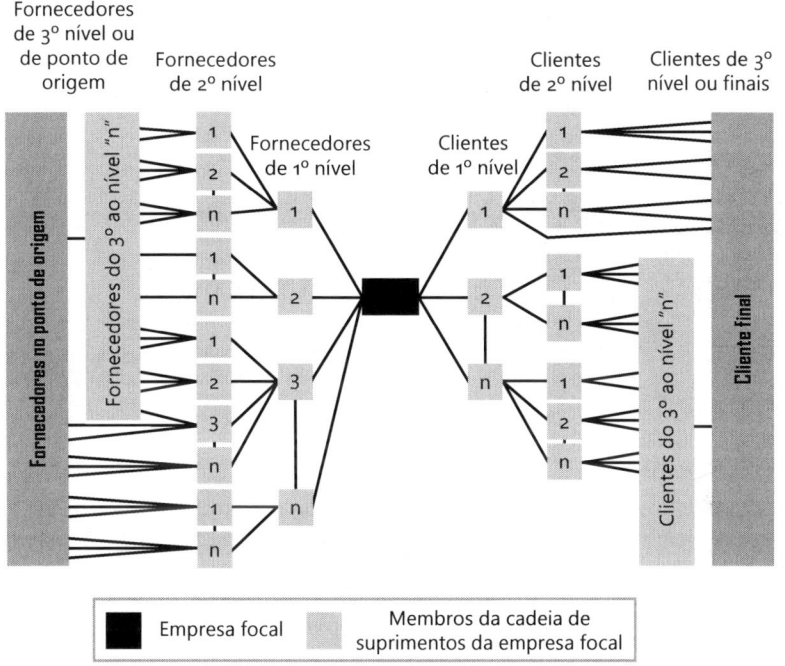

Fonte: Adaptado de Lambert; Cooper; Pagh, 1998, p. 3, tradução nossa.

Observe que os elos representados na Figura 1.3 estão interligados e que logística e integração estão sempre juntos. Assim, a integração entre processos (logística interna) e empresas (externa) pode ocorrer de várias maneiras.

Podemos fazer uma analogia: os alunos em sala de aula estão integrados fisicamente (assim como os países da comunidade europeia, por exemplo) e, quando não estão em sala de aula, continuam integrados por meio das redes sociais.

A seguir, a Figura 1.3 representa uma parte da cadeia de suprimentos que faz um livro físico chegar ao cliente final. As instalações, mostradas em retângulos na figura, geralmente são classificadas de duas maneiras, dependendo da principal função: instalações de produção ou instalações de armazenagem. As rotas de transporte, representadas por setas, são caracterizadas pelos meios de transporte (Taylor, 2005, p. 20).

Figura 1.3 Exemplo de uma cadeia de suprimentos – da árvore ao livro

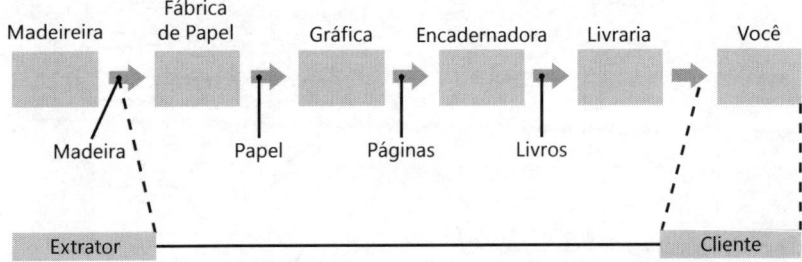

Fonte: Adaptado de Taylor, 2005, p. 21.

Como podemos observar na Figura 1.3, a cadeia de suprimentos inicia com o primeiro fornecedor, a madeireira (extrator da natureza), que envia a madeira para a fábrica de papel, que envia o papel para a gráfica, que imprime as páginas do livro, que são enviadas para a encadernadora, que finaliza a produção do material, que é enviado para a livraria, que vende a obra para o cliente final.

Definições de cadeia de suprimentos

"Um processo integrado que envolve a transformação da matéria-prima em produto final e vai até a entrega ao consumidor, contendo no mínimo quatro níveis – *fornecedores, fabricantes, distribuidores* e *consumidores*". (Beamon, 1998, grifo do original).

"Engloba todos os estágios (clientes, varejistas, distribuidores, fabricantes e fornecedores) envolvidos direta ou indiretamente no atendimento ao pedido de um cliente". (Chopra; Meindl, 2003, p. 3).

"Um conjunto de processos requeridos para obter materiais, agregar-lhes valor de acordo com a concepção dos clientes e consumidores e disponibilizar os produtos para o lugar (onde) e para a data (quando) que os clientes desejarem" (Bertaglia, 2003, p. 4).

"É uma rede de companhias autônomas, ou semiautônomas, que são efetivamente responsáveis pela obtenção, produção e liberação de um determinado produto e/ou serviço ao cliente final" (Pires, 2004, p. 53).

"É um conjunto de atividades funcionais (transportes, controles de estoques etc.) que se repetem inúmeras vezes ao longo do canal pelo qual matérias-primas são convertidas em produtos acabados, aos quais se agrega valor" (Ballou, 2006, p. 29).

"Um conjunto de abordagens que integra, com eficiência, fornecedores, fabricantes, depósitos e pontos comerciais, de forma que a mercadoria é produzida e distribuída nas quantidades corretas, aos pontos de entrega e nos prazos corretos, com objetivo de minimizar os custos totais do sistema sem deixar de atender às exigências em termos de nível de serviço" (Simchi-Levi; Kaminsky; Simchi-Levi, 2010, p. 33).

Note que, nessas definições, as palavras *cadeia* e *rede* se confundem, podendo, algumas vezes, ser utilizadas para se referir às mesmas atividades. É importante atentar também para termos como *integração*, *processos, agregação de valor, transformação de matéria-prima em produtos, atendimento ao cliente* e *distribuição física dos produtos*.

1.3 GESTÃO DA CADEIA DE SUPRIMENTOS

No contexto em que estamos interessados nesta obra, podemos considerar que *gestão* se refere aos processos da direção de uma empresa. Assim, a gestão da cadeia de suprimentos (GCS) pode ser compreendida como o alinhamento das habilidades a montante e a jusante dos parceiros da cadeia de suprimentos para entregar valor superior ao cliente final com o mínimo custo para a cadeia de suprimentos como um todo (Harrison; Hoek, 2003).

Como explicam Bowersox, Closs e Cooper (2006, p. 4), "A GCS envolve empresas que colaboram para alcançar um posicionamento estratégico e para melhorar a eficiência das operações. Este gerenciamento baseia-se na busca da melhor eficiência por meio de compartilhamento da informação e do planejamento conjunto".

Com isso, podemos entender que a GCS é a integração dos processos industriais e comerciais, englobando do consumidor final até os fornecedores iniciais, gerando produtos, serviços e informações que agregam valor para o cliente (Novaes, 2007).

A definição proposta por Corrêa e Corrêa (2012, p. 11) corrobora esse entendimento:

> é administração integrada dos processos principais de negócios envolvidos com fluxos físicos, financeiros e de informações, englobando desde os produtores originais de insumos básicos até o consumidor final, no fornecimento de bens, serviços e informações, de forma a agregar valor para todos os clientes – intermediários e finais – e para outros grupos de interesse legítimos e relevantes para a cadeia (acionistas, funcionários, gestores, comunidades, governo).

A GCS inclui o planejamento e a gestão de todas as atividades envolvidas na geração, na aquisição e na conversão de produtos e nos processos de gestão de logística. Isso inclui também a coordenação e a colaboração com parceiros de canal, que podem ser fornecedores, intermediários, provedores de serviço de terceira parte e clientes. Em essência, a GCS integra a gestão de oferta e demanda intra e interempresas (CSCMP, 2017).

A GCS só é possível com a colaboração entre empresas dentro de uma estrutura de fluxos e restrições de recursos essenciais. Nesse contexto, a estrutura e a estratégia da cadeia de suprimentos resultam de esforços para alinhar operacionalmente uma empresa com os clientes, bem como com as redes de apoio de distribuidores e fornecedores para obter vantagem competitiva.

As operações são, portanto, integradas desde a compra inicial de material até a entrega de bens e serviços aos clientes. O valor resulta da sinergia entre as empresas que compõem a cadeia de suprimentos como resultado de cinco fluxos críticos: de informação, de produto, de serviço, financeiro e de conhecimento. (Bowersox; Closs; Cooper, 2006, p. 7) [veja a seta bidirecional no topo da Figura 1.4]

O arranjo geral da cadeia de suprimentos ilustrado na Figura 1.4 conecta uma empresa e sua rede de fornecedores e distribuidores aos seus clientes. Antes da empresa, está a rede de fornecedores, que dispõem dos materiais, e, após a empresa, está a rede de distribuição para o mercado, que entrega o produto para os consumidores. Internamente, a logística é responsável pelo suprimento, pela produção e pelo atendimento ao cliente (distribuição). Além desse fluxo de materiais do fornecedor ao cliente, há o fluxo de informações e relacionamentos na cadeia de suprimentos.

Figura 1.4 Modelo geral da cadeia de suprimentos

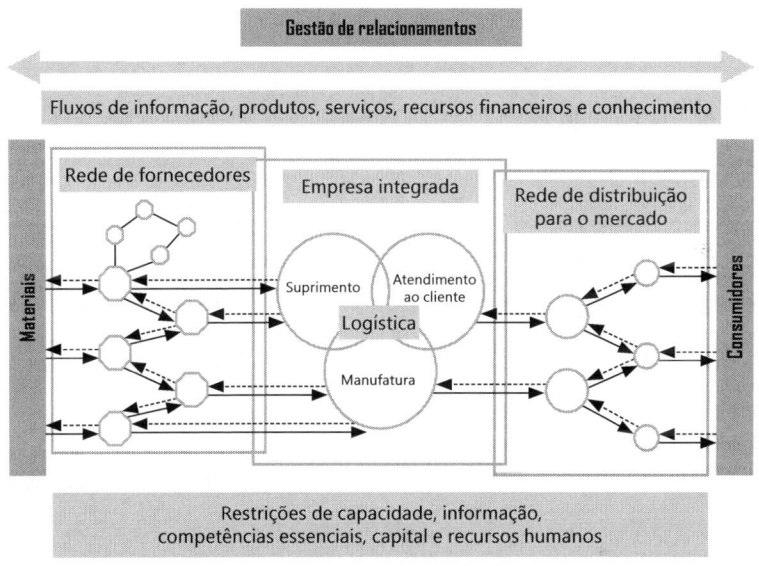

Fonte: Adaptado de Bowersox; Closs; Cooper, 2006, p. 7.

A ideia transmitida pela Figura 1.5 é que o processo integrado de criação de valor deve ser alinhado e administrado desde a compra de matéria-prima até a entrega do produto ou serviço ao cliente final para garantir eficácia, eficiência, relevância e sustentabilidade (Bowersox; Closs; Cooper, 2006, p. 7).

Conforme esclarecem Chopra e Meindl (2003), o principal motivo para a existência de qualquer cadeia de suprimentos é satisfazer as necessidades do cliente em um processo gerador de lucros. Assim, a GCS representa uma promissora fronteira para as organizações interessadas na obtenção de vantagens efetivas sobre a concorrência. Para isso, devem levar em consideração a GCS de uma forma estratégica e integrada.

> Observe que muitas atividades das organizações são relacionadas à cadeia de suprimentos: aquisição, transporte, distribuição física, entre outras. Contudo, algumas atividades não geram benefícios ao cliente e são consideradas perdas. Assim, essas atividades que não agregam e geram custos, quando possível, devem ser minimizadas ou eliminadas. Exemplos: tempo de espera no trânsito e manuseio repetitivo e excessivo de produtos.

1.4 Colaborações e relacionamentos entre empresas na cadeia de suprimentos

De acordo com Bowersox, Closs e Cooper (2006), podemos entender a colaboração entre empresas como o compartilhamento de informação, o desenvolvimento de planos estratégicos conjuntos e a sincronização de operações, objetivando uma precisa alocação de recursos que permitam gerar ganhos mediante maior quantidade de produtos vendidos, redução de operações duplicadas e maior confiança dos clientes por meio da oferta de serviços customizados.

Dessa forma, o relacionamento entre os elos da cadeia de suprimentos fornece benefícios como parceiros mais fortes e uma sólida eficácia para todo o negócio, com foco comum na qualidade, na confiabilidade de entregas, nos baixos níveis de estoque e no melhor controle do processo, reduzindo os custos da cadeia de logística (Ching, 2009).

Chopra e Meindl (2003) explicam que a cooperação e a confiança na cadeia de suprimentos ajudam a melhorar o desempenho dos elos integrantes da cadeia pelas seguintes razões:

- obtenção de um alinhamento mais natural entre metas e objetivos;
- facilitação da implementação de indicadores gerenciais, em virtude do compartilhamento de informações entre os elos da cadeia;
- eliminação de duplicação de tarefas e aumento da alocação de esforços nas atividades que agregam valor;
- facilitação da coordenação da cadeia de suprimentos, em decorrência do compartilhamento de informações de produção, transporte e estoque.

Atualmente, as colaborações e os relacionamentos entre empresas em uma cadeia de suprimentos são essenciais. Segundo Corrêa (2014, p. 9), para que seja competitiva e bem-sucedida, não basta que a empresa tenha eficiência em suas operações internas. Suas parcerias da cadeia de suprimentos devem ser internamente eficientes e eficazes; além disso, os elos (ligações ou relacionamentos entre as entidades da cadeia) também devem ser eficientes. Tais demandas são atendidas somente com uma adequada integração da gestão dos nós (entidades envolvidas na cadeia) e dos elos da cadeia de suprimentos.

Conforme Cooper e Gardner (1993), as empresas têm cinco razões importantes para estabelecerem relacionamentos na cadeia de suprimentos:

1. **Assimetria**: reflete a habilidade que uma empresa tem para exercer poder, influência e controle sobre outra organização.
2. **Reciprocidade**: implica cooperação, colaboração e coordenação entre as partes.
3. **Eficiência**: deve-se analisar a eficiência da integração interna em termos de custo-benefício.
4. **Estabilidade**: refere-se à busca por uma melhor adaptação ou redução da incerteza oriunda do ambiente de atuação da empresa por meio do relacionamento com organizações que trabalhem com maior previsibilidade do futuro.
5. **Legitimidade**: reflete como as atividades de uma empresa ou os resultados por ela alcançados são justificados.

Estudo de caso

Kroc[1] introduziu uma nova abordagem para o sistema de franquias, cujo objetivo era o sucesso imediato dos franqueados, para que no longo prazo o sistema como um todo se beneficiasse. Sua ideia era prestar aos franqueados serviços suficientes para que fossem bem sucedidos. Essa filosofia era similar à filosofia que adotou quando vendia suprimentos para o setor de *food service*, em que o sucesso se baseava em descobrir meios de fazer seus clientes bem-sucedidos com o seu produto.

---

1   Ray Croc, criador da firma de *franchising* Macdonald's System.

Ele acreditava que estava no negócio para servir seus franqueados e desenvolver sua lealdade, e que os mesmos eram seus clientes e que, se falhassem, ele falharia também. Assim, o relacionamento entre corporação e franqueados foi sendo pautado sempre em termos de lealdade, confiança e comprometimento, induzindo um comportamento colaborativo e harmonioso. O mesmo relacionamento aberto se esperava dos fornecedores, e exigia-se que os custos e preços dos mesmos fossem inteiramente abertos para que os franqueados soubessem que a corporação não estava se beneficiando de quaisquer parcelas.

Assim, Ray Kroc conseguiu unir os três elementos do sistema McDonald's – franqueados, corporação e fornecedores – numa só "família", com um propósito comum. Os participantes do sistema tinham incentivos comuns e um padrão comum de qualidade, serviço e asseio, além de existir um controle mútuo entre todos os elementos. O sistema deveria ser controlado por decisões e políticas consideradas pelo bem comum, sendo bem comum definido como a interação entre todos os participantes.

Fonte: Vivaldini; Souza; Pires, 2007, p. 56.

Observe que o foco da GCS está na gestão de relações, a fim de se obterem melhores resultados para todas as partes. Dessa forma, os benefícios devem coincidir com o interesse comum e não apenas individual – o grande desafio da logística.

Níveis mais altos de confiança entre parceiros possibilitam que menos comportamentos oportunistas ocorram na cadeia de suprimentos, trazendo vantagens para a cadeia como um todo. Os relacionamentos, com contratos de prazo mais longo e mais intensidade de interações pessoais e cumprimento reiterado de promessas e acordos, favorecem o desenvolvimento de níveis mais altos de confiança entre parceiros bem intencionados (Corrêa, 2014).

Você sabia que as parcerias entre empresas produtoras, varejistas, de consultoria e de tecnologia da informação (TI) nas cadeias de suprimentos estão crescendo rapidamente? Esse crescimento tem acontecido em virtude da necessidade de utilização de *softwares* e *hardwares* que auxiliam nas colaborações da cadeia. Alguns exemplos de soluções são: troca eletrônica de dados (*Electronic Data Interchange* – EDI); estoque gerenciado pelo fornecedor (*Vendor Managed Inventory* – VMI); programa de ressuprimento contínuo (*Continuous Replenishment Program* – CRP); resposta eficiente ao consumidor (*Efficient Consumer Response* – ECR); e gestão de relacionamento com o cliente (*Customer Relationship Management* – CRM).

1.5 A IMPORTÂNCIA DA DISTRIBUIÇÃO FÍSICA NA CADEIA DE SUPRIMENTOS

A distribuição física, ou distribuição, refere-se aos passos tomados para mover e armazenar um produto desde o fabricante até o cliente final na cadeia de suprimentos. Assim, a distribuição ocorre entre os elos da cadeia de suprimentos e é um fator-chave da lucratividade geral de uma empresa, pois afeta diretamente tanto o custo da cadeia de suprimentos quanto o nível de serviço ao cliente (Chopra; Meindl, 2011, p. 73).

A logística de distribuição de um produtor é a logística de suprimentos do comprador. Desse modo, ao longo da cadeia de suprimentos, a distribuição física desempenha diversas atividades, como o processamento de pedidos e informações, a gestão dos estoques, o transporte, a expedição, o carregamento e o descarregamento de veículos.

Quanto maior for o número de destinos, mais complicada se tornará a distribuição física. Com mais locais a serem atendidos, o estoque disponível deve ser dividido com mais precisão ao longo da cadeia de suprimentos, elevando-se o risco de a empresa não ter à disposição a quantidade exata de produtos necessários em alguma instalação (Taylor, 2005, p. 31).

A rede de distribuição física apropriada pode ser usada para alcançar diversos objetivos da cadeia de suprimentos, do baixo custo à alta responsividade (Chopra; Meindl, 2011, p. 73). Por meio de uma rede de distribuição física bem estruturada, é possível desenvolver um bom relacionamento com o cliente e com os participantes da cadeia de suprimentos. Quando se dispõe de uma distribuição confiável e robusta, é possível reduzir a quantidade de produtos em estoque sem comprometer o atendimento à demanda.

> **Exemplo**: uma empresa distribuidora de cosméticos tem como atividade fundamental a distribuição física. A cadeia de suprimentos em que a empresa está inserida é complexa, em virtude da grande quantidade de clientes finais espalhados por diversos locais. Para obter uma cadeia de suprimento bem estruturada e competitiva, um dos requisitos fundamentais é que os gestores da distribuição física tenham conhecimentos sistêmicos do funcionamento da cadeia de suprimentos e de seus relacionamentos, para que a empresa possa dividir responsabilidades com parceiros em atividades, como a definição da programação das entregas e a seleção do modal de transporte a ser utilizado pela empresa.

Síntese

Neste capítulo, demonstramos que a logística é uma atividade estratégica que, quando bem gerenciada, permite que empresa possa obter vantagem competitiva sobre a concorrência.

Destacamos que a logística focada em atividades de uma empresa evoluiu para atividades de uma cadeia composta por várias empresas e seus fluxos, chamada de *cadeia de suprimentos*. Assim, a gestão da cadeia de suprimentos (GCS) inclui a integração dos processos principais de negócios envolvidos com fluxos físicos, financeiros e de informações, englobando desde os produtores originais de insumos básicos até o consumidor final.

Nesse contexto, analisamos o quanto é necessário haver colaborações e relacionamentos entre as empresas participantes dessa cadeia e mostramos a importância da distribuição física para o bom funcionamento da cadeia de suprimentos.

Questões para revisão

1. Avalie se a seguinte afirmação é verdadeira (V) ou falsa (F):
   ( ) Define-se *gestão da cadeia de suprimentos* (GCS) como a relação entre o produtor e o distribuidor, com o objetivo de encontrar formas para que ambos alcancem o máximo de lucratividade na colaboração mútua, voltada para o cliente.

2. Avalie se a seguinte afirmação é verdadeira (V) ou falsa (F):
   ( ) A logística de suprimentos é o ramo da logística empresarial que corresponde ao conjunto de operações associadas ao fluxo de materiais e informações, desde a fonte de matérias-primas até a entrada da fábrica. Envolve as relações empresa-fornecedores, cuja integração representa papel decisivo nos custos da empresa.

3. Leia a definição a seguir e depois indique o conceito a que ela se refere:

   Integração dos processos logísticos que formam determinado negócio, desde os fornecedores de primeira camada até o usuário final, proporcionando produtos, serviços e informações que agregam valor para o cliente.

   a) Logística de distribuição.
   b) Administração da produção.
   c) Cadeia de suprimentos.
   d) Logística interna.
   e) Logística de suprimentos.

4. Cite um caso real para exemplificar cada uma da atividades da logística empresarial.

5. Explique a postura atual do relacionamento entre as empresas distintas em uma cadeia de suprimentos com vistas à promoção da competitividade da cadeia como um todo. Compare essa postura com a que se praticava antes da adoção da prática atual.

Questões para reflexão

1. Conceitue *logística* e suas atividades.
2. Defina *gestão da cadeia de suprimentos*.
3. Por que, atualmente, é dito que a nova concorrência ocorre entre cadeias de suprimentos e não mais entre as empresas individualmente?
4. Como a globalização aumenta a complexidade da gestão da cadeia de suprimentos?
5. Detalhe a importância da distribuição física na cadeia de suprimentos.

Para saber mais

APICS – American Production and Inventory Control System. Supply Chain Council. Disponível em: <http://www.apics.org/apics-for-business>. Acesso em: 26 maio 2017.

A APICS-SCC é uma das maiores referências em cadeia de suprimentos no mundo e ótima fonte de pesquisa sobre o assunto.

CSCMP – Council of Supply Chain Management Professional. Disponível em: <http://cscmp.org/>. Acesso em: 26 maio 2017.

O Council of Supply Chain Management Professional é uma associação de profissionais de gestão de cadeia de suprimentos que organiza um importante encontro anual na área.

SUPPLY CHAIN FORUM. *Beer Game*. Disponível em: <http://supplychain.mit.edu/supply-chain-games/beer-game/>. Acesso em: 26 maio 2017.

O Jogo da Cerveja foi desenvolvido pelo Massachusetts Institute of Technology (MIT) para demonstrar as vantagens de integração da abordagem do *supply chain management* (SCM). O estudante simula vários cenários diferentes e gerencia a cadeia de suprimentos. O objetivo é ter menos custos de estocagem e com vendas perdidas.

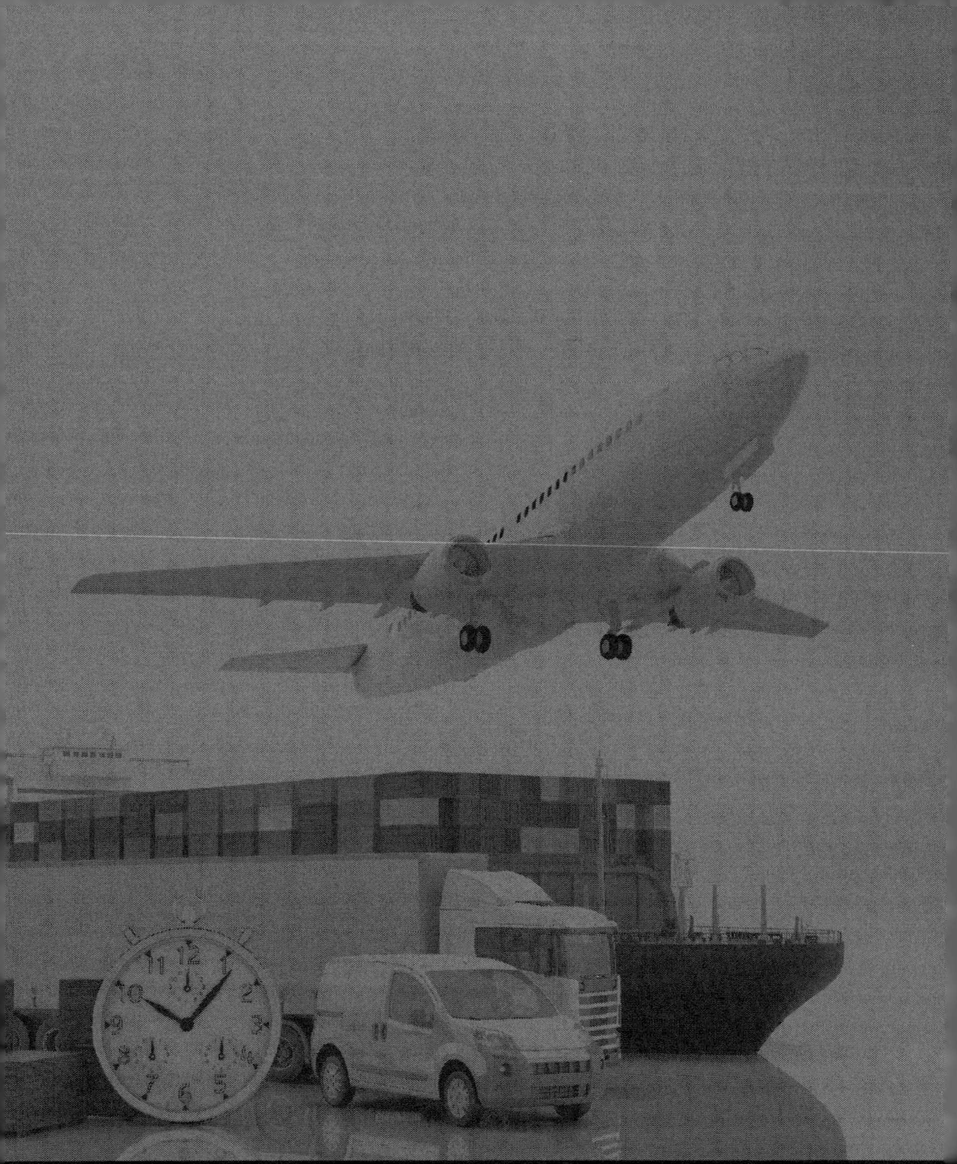

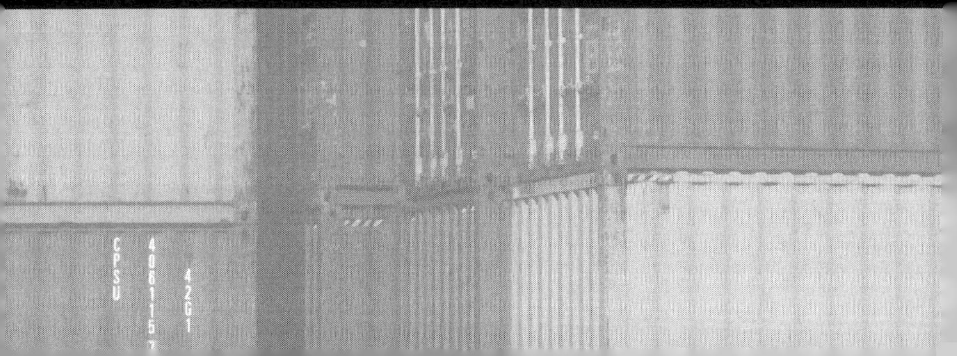

Logística e serviço ao cliente

Conteúdos do capítulo:

- Logística e valor para o cliente.
- Interface entre a logística e o *marketing*.
- Análise do produto e da embalagem para a definição do serviço ao cliente.
- Detalhamento do serviço ao cliente na logística.
- Conceituação e objetivos da gestão de relacionamento com clientes e fornecedores.

Após o estudo deste capítulo, você será capaz de:

1. analisar os benefícios percebidos *versus* os custos gerados;
2. identificar as interfaces entre a logística e o *marketing*;
3. classificar o produto para definir a estratégia de serviço ao cliente;
4. definir o serviço logístico ao cliente com seus elementos e níveis;
5. desenvolver a gestão de relacionamento com clientes e fornecedores.

2.1 A DISTRIBUIÇÃO FÍSICA E O VALOR PARA O CLIENTE

Conforme destacamos no Capítulo 1, a missão da logística é proporcionar ao cliente o produto certo no lugar certo, no tempo certo, na condição desejada e ao menor custo possível, a fim de satisfazer o cliente.

Assim, podemos afirmar que a logística oferece "utilidade de tempo e lugar na transferência de bens e serviços entre o comprador e o vendedor" (Christopher, 2013, p. 34). Portanto, não há valor no produto ou serviço até que ele esteja nas mãos do cliente ou consumidor.

O sucesso ou o fracasso de qualquer empresa será determinado pelo valor que ela oferece para o cliente. "O valor do cliente pode ser definido simplesmente como a relação entre a percepção dos benefícios que fluem de uma compra e os custos totais incorridos de acordo com a seguinte equação" (Christopher, 2013, p. 35):

$$\text{Valor do cliente} = \frac{\text{Percepção de benefícios}}{\text{Custo total de propriedade}}$$

Na Figura 2.1, você pode observar o detalhamento de como gerar valor para o cliente, mediante a criação de diferenciais como: entrega no prazo, tempo de entrega menor (*lead time* menor), resposta rápida e flexível. O desafio é gerar esses benefícios reduzindo-se os níveis de estoques e com custos de manuseio e capital menores.

Figura 2.1 Logística e o valor para o cliente

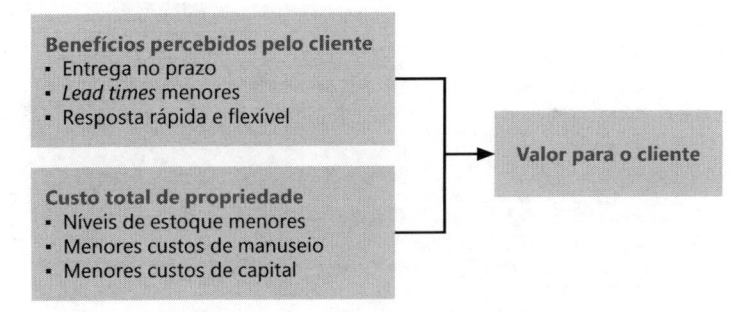

Benefícios percebidos pelo cliente
- Entrega no prazo
- *Lead times* menores
- Resposta rápida e flexível

Custo total de propriedade
- Níveis de estoque menores
- Menores custos de manuseio
- Menores custos de capital

→ **Valor para o cliente**

Fonte: Adaptado de Christopher, 2013, p. 34.

Por meio da distribuição física, são disponibilizados produtos aos clientes e essa atividade desempenha um papel importante na geração de valor ao cliente e influencia diretamente nos benefícios percebidos. Quanto melhor for a distribuição realizada, mais rápida será a resposta ao cliente, gerando um prazo de entrega menor (*lead time* menor), e maior flexibilidade no prazo da entrega.

A distribuição gera valor quando tem custos competitivos e, ao mesmo tempo, possibilita que os níveis operacionais de serviços sejam satisfatórios aos clientes. Para isso, é necessário compreender o que os clientes valorizam no sistema de distribuição. Porém, trata-se de uma tarefa difícil, visto que o significado de valor varia de cliente para cliente – enquanto um valoriza rapidez, outro preza pela qualidade ou segurança do serviço. Dessa forma, para atender às expectativas dos clientes, é preciso mensurar o desempenho das atividades percebidas por eles.

Exemplo: uma farmácia que trabalha com entregas (distribuição física) 24 horas por dia pode gerar os valores de lugar e tempo para o cliente. Essa geração de valores depende de benefícios como rapidez na entrega, confiabilidade e disponibilidade do produto ou serviço e custo. Contudo, para isso, a empresa precisa disponibilizar uma infraestrutura de veículos e mão de obra para o transporte e pessoal administrativo ao longo de todo o período de funcionamento, além de um maior estoque de medicamentos.

2.2 INTERFACE ENTRE A LOGÍSTICA E O MARKETING PARA A SATISFAÇÃO DO CLIENTE

O conceito de *marketing* contempla, em sua essência, o propósito de identificar as necessidades dos clientes e de satisfazê-las, combinando de maneira eficiente e eficaz as variáveis controláveis que compõem o *mix* de *marketing*, quais sejam: "produto, preço, praça, promoção, evidência física, processos e pessoas" (Kotler; Hayes; Bloom, 2002, p. 12) – as quatro primeiras palavras, iniciadas pela letra *p*, compõem os famosos 4 Ps do *marketing*.

A função de *marketing* materializa as transações entre comprador e vendedor, bem como conscientiza os clientes dos atributos de um produto ou serviço. Já a função da logística atende às necessidades de lugar e tempo dos clientes, ou seja, disponibiliza os produtos ou serviços no lugar e no momento desejados pelo cliente (Bowersox; Closs, 2001).

> O *p* de *praça* também é conhecido como *ponto de venda* ou *canal de distribuição* e pode ser descrito como uma rede organizada de órgãos e instituições que executam funções necessárias para ligar os fabricantes aos consumidores. Para o *marketing, canal* consiste em disponibilizar o produto ou serviço ao cliente (Kotler; Hayes; Bloom, 2002).
>
> As decisões de canais de distribuição afetam diretamente as outras decisões da empresa e envolvem compromissos em longo prazo.

Nos últimos anos, houve um crescente interesse em construir relações intermediárias entre a logística e o *marketing* que quase sempre controlam o acesso ao consumidor. Esses intermediários podem ser varejistas, distribuidores e atacadistas. Muitas empresas reveem suas estratégias de *marketing* propondo uma ênfase maior no desenvolvimento e na articulação das relações com o cliente (Christopher, 2013).

A integração entre a logística e o *marketing* representa um fator determinante para um nível de serviço capaz de influenciar positivamente a satisfação do cliente, ao passo que sua falta pode acarretar "disfunções de integração interfuncional", que "podem causar problemas no atendimento das necessidades dos clientes, problemas no lançamento de novos produtos, não adequação no valor entregue, bem como custos excessivos" (Pimenta; Silva; Yokoyama, 2011, p. 719).

Essa integração é conseguida quando a equipe incorpora as considerações sobre os consumidores nas etapas estratégicas de obtenção do plano de *marketing*. A equipe propõe que a estratégia logística para servir ao consumidor seja estabelecida por meio de análises externas e internas, a fim de conhecer o potencial do serviço e da prestação do serviço, para, por fim, identificar as oportunidades de melhorias.

O modelo apresentado na Figura 2.2 mostra que o serviço ao cliente é a saída do processo de logística (Lambert; Cooper; Pagh, 1998).

Figura 2.2 Integração entre a logística e o *marketing*

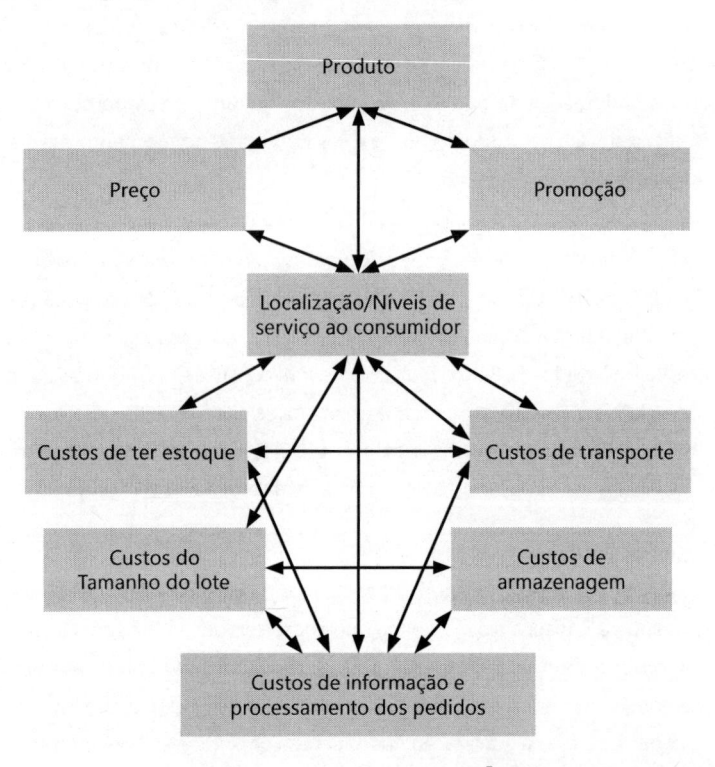

```
                        Produto
                           ↕
         Preço ←——————————————————→ Promoção
                           ↕
              Localização/Níveis de
                serviço ao consumidor
                           ↕
    Custos de ter estoque ←————→ Custos de transporte
                           ↕
    Custos do                      Custos de
    Tamanho do lote ←————————→    armazenagem
                           ↕
              Custos de informação e
              processamento dos pedidos
```

Fonte: Adaptado de Lambert, 1992, p. 13.

De acordo com a Figura 2.2, a logística deve atender aos níveis de serviço ao consumidor, estabelecidos pela estratégia de *marketing* (produto, preço, promoção e localização), ao menor custo total de seus componentes – ou seja, o somatório dos custos de transporte, armazenagem, informação e processamento dos pedidos, de ter estoque e do tamanho do lote de compra e venda.

Logística e distribuição física

Já no Quadro 2.1 constam as atividades que estão na interface da logística com o *marketing* – a atividade de interface é aquela que não há como administrar efetivamente em uma área funcional.

Quadro 2.1 As interfaces entre a logística e o *marketing*

Atividades da função logística	Atividades da interface entre a logística e o *marketing*	Atividades da função *marketing*
Transporte	Serviços padronizados ao cliente	Promoção
Estoque	Precificação	Pesquisa de mercado
Processamento de pedidos	Embalagem	*Mix* de produtos
Manipulação de materiais e aquisição	Localização do varejo	Gestão do pessoal de vendas

Fonte: Adaptado de Ballou, 2006, p. 43.

Exemplo: as empresas utilizam a logística, mais especificamente a distribuição física, como fator de *marketing*. Um caso ilustrativo é o *"Delivery* Habib's: Qualidade em 28 Minutos". A empresa Habib's garante o prazo de entrega de 28 minutos para pedidos com valores até R$ 80,00 dentro do horário compreendido entre 11h 00min e 23h 30min. A empresa dispensa do pagamento os clientes cujos pedidos realizados forem entregues em prazo superior ao previsto em seu regulamento.

2.3 IDENTIFICAÇÃO DE FOCOS DE MERCADO POR GRUPOS DE PRODUTOS

O produto deve ser visto como o foco no projeto do sistema de distribuição física porque "é ele o objeto do fluxo da cadeia de suprimentos, e, em sua forma econômica, o gerador de receitas da empresa. [...] É ele também a razão para que as dimensões básicas do projeto, representadas por suas características, embalagem e preço, sejam exploradas como um elemento do serviço ao cliente" (Ballou, 2006, p. 73).

De acordo com o tipo de produto comercializado, a necessidade da infraestrutura da logística de distribuição será mais ou menos complexa. Por exemplo: produtos inflamáveis demandam uma grande atenção na estocagem e no transporte em virtude do risco de acidentes.

Considerando-se a distribuição física, os produtos podem ser classificados em funcionais ou inovadores. **Produtos funcionais** são aqueles do dia a dia, os que as pessoas compram, por exemplo, de vários canais varejistas, como supermercados ou lojas de conveniência. **Produtos inovadores** são os diferenciados, em geral com ciclo de vida mais curto e demanda menos previsível, que dão ao cliente mais razões para adquiri-los do que apenas o preço mais baixo (Corrêa, 2014).

Exemplos:
Produtos funcionais – itens da cesta básica (arroz, feijão etc.).
Produtos inovadores – eletrônicos de última geração (*smartphone*, televisão LED etc.).

De acordo com Fischer (1997), a demanda é um fator preponderante na classificação dos produtos:

- O produto funcional apresenta um comportamento de demanda razoavelmente estável, com poucas mudanças ao longo do tempo. A variedade de produtos é relativamente pequena e o volume, relativamente alto, propiciando alta eficiência dos fatores de produção. O ciclo de vida dos produtos e o *lead time* de desenvolvimento são relativamente longos.

- O produto inovador apresenta um comportamento de demanda bastante instável, com muitas mudanças num curto período de tempo. A variedade de produtos é relativamente grande e o volume por item relativamente pequeno, ocasionando baixa eficiência dos fatores de produção. O ciclo de vida dos produtos e o *lead time* de desenvolvimento são relativamente curtos.

O Quadro 2.2 apresenta um detalhamento desses componentes relativos à demanda conforme o tipo de produto.

Quadro 2.2 Diferenças entre os tipos de produtos

Componentes	Produto funcional	Produto inovador
Aspectos da demanda	Previsível	Imprevisível
Ciclo de vida do produto	Mais de 2 anos	3 meses a 1 ano
Variedade de produtos	Baixa	Alta
Erro no plano de vendas	10%	40% a 100%
Índice de falta de produto	1% a 2%	10% a 40%
Lead time desenvolvimento	6 meses a 1 ano	1 dia a 2 semanas

Fonte: Adaptado de Fischer, 1997, p. 107, tradução nossa.

Uma política estratégica de mercado para os produtos funcionais está ligada à eficiência, buscando-se alcançar diferencial no mercado. Já para os produtos inovadores, a estratégia para competir no mercado é a customização e a especificação dos produtos, segundo as necessidades dos clientes (Fischer, 1997).

No estudo de caso a seguir, observe as estratégias e o serviço oferecido ao cliente em uma das maiores redes de supermercados europeias.

Estudo de caso

Empresa Aldi Einkauf Market

O nome *Aldi* é composto das iniciais do seu fundador, Theo Albrecht, e da palavra *discount* (desconto). Em alemão, *Einkauf* significa *compras*. O supermercado Aldi possui mais de 10 mil filiais e lidera o mercado de descontos europeu para produtos alimentares e de higiene e limpeza. Para oferecer preços inferiores, a empresa compra em grandes quantidades. Não há muitos gastos com exposição de produtos, *layouts* e gôndolas. Tudo é muito simples e as lojas são pequenas. Os produtos são colocados nas estantes nas mesmas caixas e nos suportes usados no transporte dos fornecedores. Muitas vezes os próprios clientes precisam abrir as caixas de papelão.
  Quando a fila do caixa aumenta, o supervisor ou o estoquista abrem e operam um novo caixa. Em outro momento, o supervisor ajuda o estoquista a trazer e a colocar as mercadorias nas estantes.

> A qualidade dos produtos vendidos é outro fator de grande importância para a organização; constantemente há monitoração de produtos para atestar que não prejudicam a saúde das pessoas. As lojas disponibilizam ainda ofertas especiais de artigos eletrônicos, para casa e vestuário.

2.4 SERVIÇO AO CLIENTE NA LOGÍSTICA

No âmbito da logística, o serviço ao cliente é o resultado de todas as atividades logísticas ou dos processos da cadeia de suprimentos. Assim, quando utilizados de forma eficaz, constitui um fator de impacto na criação da demanda e da manutenção da fidelidade do cliente (Ballou, 2006).

Tendo em mente que o serviço ao cliente é o resultado de ações logísticas adotadas pelas organizações com o objetivo de criar valor por meio de atividades dotadas de qualidade superior, podemos compreender que as ações logísticas devem abranger investimentos em mão de obra, equipamentos, treinamentos e tecnologia de informação, com o intuito de maximizar a eficiência e proporcionar ao cliente um produto ou serviço livre de deficiências (Figueiredo; Fleury; Wanke, 2000).

> Observe que o serviço ao cliente começa com a realização do pedido pelo cliente e termina com a entrega do produto ou serviço. Em alguns casos, o serviço ao cliente se mantém durante a vida útil do produto até seu descarte.

A distribuição física é importante para o serviço ao cliente, pois é de sua competência disponibilizar produtos e serviços na quantidade e na velocidade desejadas, gerando confiança no cliente. De acordo com Bowersox e Closs (2001), três fatores são fundamentais ao serviço ao cliente:

1. **Disponibilidade**: refere-se à capacidade de ter o produto em estoque no momento em que ele é desejado pelo cliente.

2. **Desempenho operacional**: diz respeito ao ciclo de atividades referentes à velocidade, à consistência, à flexibilidade, à ausência de falhas e à recuperação.

3. **Confiabilidade**: consiste na qualidade, isto é, determina a capacidade de manter níveis de disponibilidade de estoque e desempenho operacional planejado.

O serviço ao cliente não se refere apenas ao produto ou ao preço, mas também à habilidade de uma empresa em atender às necessidades de seus clientes em termos de agilidade, disponibilidade, atendimento, ausência de defeitos, garantia, estacionamento, localização, climatização, ambiente, entre outros aspectos cujo objetivo principal é criar valor para o cliente (Figueiredo; Fleury; Wanke; 2000).

A retenção de clientes é um fator determinante para a rentabilidade em longo prazo de uma empresa, assim como a qualidade no relacionamento com o cliente. Dessa forma, o desempenho logístico é fundamental para alcançar a satisfação do cliente e sustenta o modelo de encadeamento serviço-relacionamento-retenção, conforme retrata a Figura 2.3.

Figura 2.3 Principais determinantes da rentabilidade em longo prazo

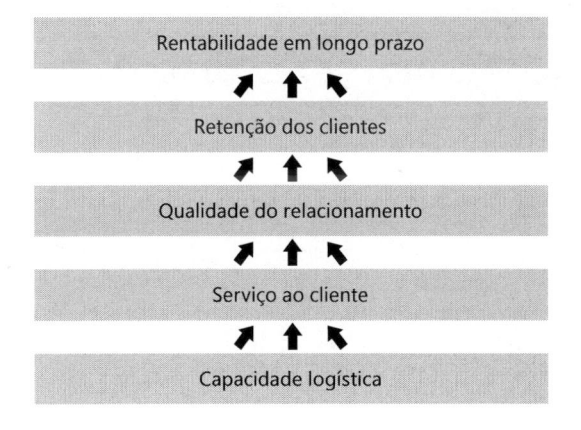

Rentabilidade em longo prazo
↗ ↑ ↖
Retenção dos clientes
↗ ↑ ↖
Qualidade do relacionamento
↗ ↑ ↖
Serviço ao cliente
↗ ↑ ↖
Capacidade logística

Fonte: Adaptado de Christopher, 2013, p. 44.

Uma medida para verificar a retenção de clientes é realizar a seguinte pergunta: Quantos dos clientes que a empresa tinha há 6 meses ela ainda mantém hoje? Já para verificar a rentabilidade em longo prazo desses clientes, podemos realizar uma análise da quantidade média de produtos ou serviços comprados no período e do valor total dessas compras.

Para melhorar o serviço ao cliente, uma empresa pode disponibilizar ferramentas e processos específicos a seus clientes, como ilustra o estudo de caso a seguir.

Estudo de caso

Serviço ao cliente na Rapidão Cometa

A empresa Rapidão Cometa, do ramo de serviços logísticos, desenvolveu algumas ferramentas, como o Rapidão Farma.

Este produto da empresa consiste nos serviços de transporte e armazenagem de medicamentos e produtos médico-hospitalares para mais de quatro mil localidades em todas as regiões do país e em conformidade com Manual da Anvisa (Agência Nacional de Vigilância Sanitária) de Boas Práticas na Distribuição, Estocagem e Armazenagem (COMETA, 2003). Este é um exemplo da criação de novas soluções para segmentos que proporciona maior valor agregado para os serviços de logística.

Fonte: Oliveira et al., 2004, p. 11.

2.5 Elementos do serviço ao cliente

De acordo com Ballou (2006), conforme o momento em que ocorre a transação comercial, os elementos que constituem o serviço ao cliente podem ser divididos em três categorias:

1. **Elementos de pré-transação:** estabelecem a política do nível de serviço que a empresa deve seguir – quando as mercadorias devem ser entregues após a colocação de um pedido, como se deve proceder em caso de extravios etc., deixando claro para o cliente o que ele pode esperar dos serviços prestados pela empresa. Esses elementos evitam a criação de falsas expectativas.
2. **Elementos de transação:** são os que resultam na entrega do produto ao cliente, como a seleção do modo de transporte. Esses elementos influenciam no tempo de entrega, na exatidão no preenchimento de ordens, nas condições das mercadorias no momento da recepção e são aspectos bastante observados e avaliados pelo cliente;
3. **Elementos de pós-transação:** definem como deve ser feito o atendimento dos clientes em relação a devoluções, solicitações, reclamações e providências sobre retorno de embalagens (garrafas retornáveis, estrados e *pallets*). Tudo isso acontece após a prestação do serviço, mas deve ser planejado com antecedência.

A Figura 2.4 apresenta os diferentes elementos que compõem o serviço ao cliente.

Figura 2.4 Elementos de serviço ao cliente

	Serviço aos clientes	
ELEMENTOS DE PRÉ-TRANSAÇÃO • Compromisso de procedimento • Compromisso entregue ao cliente • Estrutura organizacional • Sistema flexível • Serviços técnicos	**ELEMENTOS DA TRANSAÇÃO** • Níveis de estoque • Pedidos em carteira • Elementos do ciclo de pedidos • Tempo • Transbordo • Sistema confiável • Conveniências do pedido • Substituição de produtos	**ELEMENTOS DE PÓS-TRANSAÇÃO** • Instalação, garantia, alterações, consertos, peças • Rastreamento do produto • Queixas e reclamações dos clientes • Embalagem • Substituição temporária de produtos danificados

Fonte: Adaptado de Ballou, 2006, p. 95.

Para cada categoria desses elementos, é possível monitorar o atendimento ao cliente por meio de algumas perguntas, conforme consta no Quadro 2.3.

Quadro 2.3 Exemplos de elementos do atendimento ao cliente

Elementos pré-transacionais	
Elemento	**Descrição (perguntas a serem respondidas)**
Política escrita do atendimento ao cliente	A política de atendimento ao cliente é comunicada interna e externamente? Ela é compreendida? É específica e quantificada sempre que possível?
Acessibilidade	É fácil entrar em contato e/ou fazer negócio com a empresa? Existe um ponto único de contato?
Estrutura da organização	Há uma estrutura de gestão de atendimento ao cliente em funcionamento? Qual nível de controle a empresa tem sobre o processo de atendimento?
Flexibilidade do sistema	Podemos adaptar nossos sistemas de prestação de serviços para atender às necessidades de determinado cliente?
Elementos transacionais	
Elemento	**Descrição (perguntas a serem respondidas)**
Tempo de ciclo do pedido	Qual é o tempo decorrido desde o pedido até a entrega? Qual é a confiabilidade ou a variação do tempo de ciclo do pedido?
Disponibilidade de estoque	Que percentual da demanda de cada item pode ser satisfeito pelo estoque?
Taxa de cumprimento de pedidos	Que proporção de pedidos é completamente cumprida dentro do *lead time* indicado?
Informações de *status* do pedido	Quanto tempo levou para responder a uma pergunta com as informações necessárias? Será que informamos os problemas ao cliente ou eles é que devem entrar em contato com a empresa?
Elementos pós-transacionais	
Elemento	**Descrição (perguntas a serem respondidas)**
Disponibilidade de peças sobressalentes	Quais são os níveis de estoque de peças?
Tempo de chamada	Quanto tempo leva para que o engenheiro chegue e qual é a taxa de correção na primeira chamada?
Rastreamento/Garantia do produto	Pode-se identificar a localização de cada produto, uma vez adquirido? Pode-se manter/estender a garantia nos níveis esperados pelos clientes?
Reclamações de clientes	Até que ponto acompanhamos as reclamações e devoluções? Será que mensuramos a satisfação do cliente com nossa resposta?

Fonte: Adaptado de Christopher, 2013, p. 39.

Os elementos do serviço ao cliente são responsáveis por ganhar e manter o cliente fiel. Observe o exemplo a seguir, em que essa importância é mostrada por meio do tempo de ciclo do pedido (elemento transacional).

> **Exemplo**: uma empresa fabricante de radares de pesca reconhece a importância do tempo de ciclo e da taxa de cumprimentos de seus serviços de reparo. Sua principal publicidade trata da importância de realizar a manutenção de qualquer radar com rapidez. A empresa garante fornecer, em 24 horas, qualquer serviço ou conserto. A manutenção é realizada por técnicos de fábrica treinados, que fazem *check-up* e testes completos de 8 horas antes de o produto ser embarcado de volta para o cliente – no dia útil subsequente.

2.6 Nível de serviço ao cliente

Considerando que, do ponto de vista da logística, o serviço ao cliente consiste no resultado de todas as atividades logísticas ou dos processos da cadeia de suprimentos, "o projeto do sistema logístico estabelece o nível de serviços ao cliente a ser oferecido". Por isso, seu planejamento é "fundamental na concretização da rentabilidade projetada pela empresa" (Ballou, 2006, p. 93).

Com isso em mente, podemos concluir que, para ser eficiente, a gestão logística de uma empresa tem de ser capaz de equilibrar os custos e a qualidade, de modo a oferecer ao cliente um nível de serviço logístico que supere as expectativas em relação ao valor percebido.

> Quanto maior for o custo de falta de um produto para o cliente, mais a empresa deve investir em altos níveis de serviço ao cliente.

Ballou (2006, p. 103) estabelece uma relação entre os serviços logísticos e as vendas de uma empresa, dividindo essa relação em três estágios:

1. À medida que o nível de serviço se aproxima do que é oferecido pela concorrência, pouco aumento nas vendas pode ser esperado. Supondo-se que o preço e a qualidade sejam iguais, a empresa não estará efetivamente no mercado até que seus níveis de serviço se aproximem daqueles da concorrência – esse ponto é o **limiar do nível de serviço**.
2. Quando o nível de serviço da empresa alcança esse ponto, melhorias adicionais de serviços em relação à concorrência podem constituir bons estímulos às vendas, que são capturadas dos fornecedores concorrentes pela criação de um diferencial de serviço. Quando o serviço é melhorado ainda mais, as vendas continuam a crescer, contudo mais lentamente. A região que inicia no nível de limiar do serviço e vai até o ponto de declínio das vendas é chamada de **retornos decrescentes** e é nesta que a maioria das empresas opera seus sistemas logísticos.
3. O impacto dos serviços nos custos dos clientes tende a reduzir à medida que aumenta o nível de serviço ao cliente. Com isso, a política de compras em múltiplas fontes de suprimentos impõe limites ao grau de fidelização que qualquer cliente pode garantir a uma empresa. Dessa forma, tem início o terceiro estágio, chamado *declínio das vendas*.

Observe na Figura 2.5 como esses conceitos se relacionam:

Figura 2.5 Relação geral vendas/serviços ao cliente

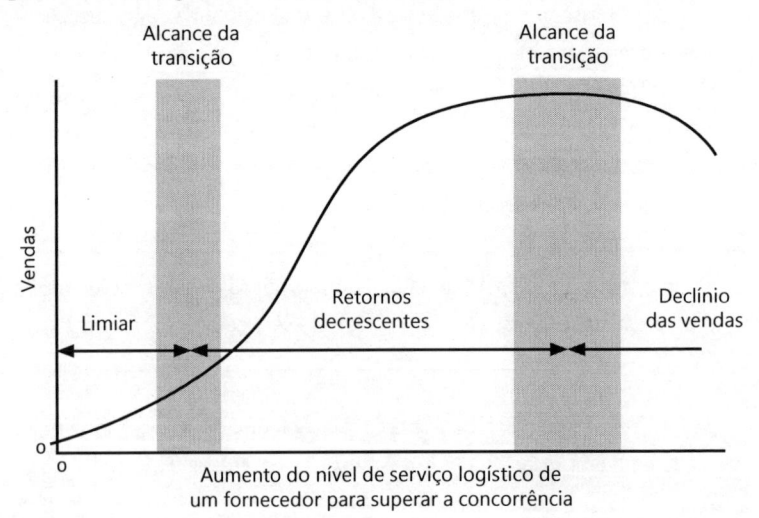

Fonte: Adaptado de Ballou, 2006, p. 103.

Os clientes não devem ser tratados de forma igual, pois não exigem níveis similares de serviço. É importante reconhecer a diferença entre os níveis de exigência dos clientes e disponibilizar os recursos e processos necessários para garantir o nível de serviço certo ao custo certo para cada consumidor (Corrêa, 2014, p. 57). A seguir, apresentamos exemplos de definição de nível de serviço ao cliente de diferentes setores. Para cada setor é elencada uma exigência importante para as empresas fornecedoras de produto ou serviço nesse nicho.

Exemplos de nível de serviço ao cliente: características do serviço ao cliente por setor

- Setor de construção: precisa de flexibilidade na entrega dos pedidos, pois não trabalha com estoques em seus canteiros de obras.

- Setor de saúde (hospitais e laboratórios): exige entregas rápidas, pois trabalha com prazos de atendimento restritos.

- Setor automobilístico: precisa confiar plenamente no serviço de distribuição e entrega dos pedidos, pois qualquer atraso pode provocar a interrupção da linha de montagem e ocasionar grandes prejuízos.

- Setor de varejo: não necessita de confiabilidade no horário das entregas, pois trabalha sempre com um estoque regular para atender a seu consumidor final.

De acordo com Christopher (2013), é possível utilizar indicadores para a determinação do nível de serviço. Os principais indicadores são:

- **Nível de serviço ou nível de atendimento**: é um indicador muito eficaz para atender às solicitações dos clientes. Quanto mais requisições forem atendidas, nas quantidades e especificações solicitadas, maior será o nível de serviço. Observe a equação que detalha a obtenção desse indicador:

$$\text{Nível de serviço} = \frac{\text{Número de requisições atendidas}}{\text{Número de requisições efetuadas}}$$

Assim, se 100 pedidos foram feitos e apenas 95 foram atendidos dentro do prazo combinado, o nível de serviço será:

$$\text{Nível de serviço} = \frac{95}{100} = 95\%$$

- **Realização do pedido perfeito**: é um indicador relacionado com a porcentagem de ocasiões em que as exigências do cliente são completamente atendidas. Pode ser usado para analisar todos os clientes em determinado período ou no atendimento individualizado. Consiste no monitoramento do pedido durante um período do desempenho efetivo da entrega: completo, pontual e erros. Esses três desempenhos (percentuais) são multiplicados juntos, conforme você pode ver nas seguintes equações:

$$\text{Entrega completa} = \frac{\text{Total de entregas completas}}{\text{Total de pedidos recebidos}}$$

$$\text{Entrega pontual} = \frac{\text{Total de entregas pontuais}}{\text{Total de pedidos recebidos}}$$

$$\text{Entrega sem erros} = \frac{\text{Total de entregas sem erros}}{\text{Total de pedidos recebidos}}$$

Realização de pedido perfeito = entrega pontual × entrega completa × entrega sem erros

Considere que uma empresa tenha apresentado o seguinte desempenho nas entregas durante um ano: 80% das entregas pontuais; 70% das entregas completas; e 90% das entregas sem erros.

Realização do pedido perfeito = 80% × 70% × 90%
Realização do pedido perfeito = 0,8 × 0,7 × 0,9 = 0,5

Isso representa um desempenho de entregas de 50% no indicador de realização do pedido perfeito.

2.7 GESTÃO DE RELACIONAMENTO COM O CLIENTE

A gestão de relacionamento com o cliente, ou *Customer Relationship Management* (CRM), é um conceito utilizado pela empresa para que possa aprender mais sobre as necessidades e o comportamento de seus clientes, a fim de desenvolver um relacionamento mais eficaz com eles (Bertaglia, 2003).

> "Gestão de relacionamento com o cliente (CRM): é um conjunto de aplicativos, em geral, com intenso suporte de software, que centraliza as estratégias e ferramentas que apoiam a empresa na organização e no gerenciamento do relacionamento com seus clientes." (Corrêa, 2014, p. 52).

O CRM requer uma visão de negócio centralizada no cliente. Sua ideia principal é usar a tecnologia para dar suporte aos negócios e obter informações adequadas sobre os clientes. Conforme Bertaglia (2003), a utilização dessa ferramenta possibilita:

- fornecer uma qualidade superior do serviço prestado ao cliente;
- transformar centros de atendimentos a clientes em centros de excelência e relacionamento;
- vender produtos mais eficientemente e com maior velocidade;
- simplificar os processos de vendas e *marketing*;
- aumentar a lucratividade;
- obter novos clientes.

O CRM utiliza uma metodologia fundamentada em quatro pilares (Peppers; Rogers, 2004):

1. identificar clientes em todos os locais de contato;
2. diferenciar clientes por valor e necessidades;
3. interagir com clientes;
4. personalizar os produtos, os serviços e a própria interação.

Existem basicamente três tipos de CRM, de acordo com Peppers e Rogers (2004):

1. **Operacional**: compreende módulos de serviço de atendimento ao cliente, automatização da força de vendas, entre outros. É responsável por integrar todas as ferramentas tecnológicas, provendo um melhor atendimento ao cliente por meio da racionalização e da melhoria dos processos da empresa.
2. **Colaborativo**: compreende todos os pontos de interação com o cliente. A tecnologia da informação (TI) permite automatizar esses pontos de contato, bem como disseminar as informações desses contatos por meio do sistema CRM.
3. **Analítico**: compreende a inteligência do processo, servindo principalmente para determinar a estratégia de diferenciação de clientes, bem como para acompanhar hábitos e identificar necessidades, o que torna a relação com os melhores clientes a mais fácil possível.

> Da mesma forma que é importante gerenciar o relacionamento com os clientes, é necessário gerenciar o relacionamento com os fornecedores. Existem ferramentas de gestão do relacionamento com fornecedores, ou *Supplier Relationship Management* (SRM), que têm objetivos similares aos do CRM, porém voltados para fornecedores.

O CRM e o SRM são aplicativos que rastreiam o movimento de estoques pela cadeia de suprimentos, permitindo representações gráficas que mostram os níveis atuais e os níveis esperados em todas as localidades (Taylor, 2005, p. 115). Na Figura 2.6 consta o detalhamento da influência do CRM e do SRM na cadeia de suprimentos.

Figura 2.6 A influência do CRM e do SRM na cadeia de suprimentos

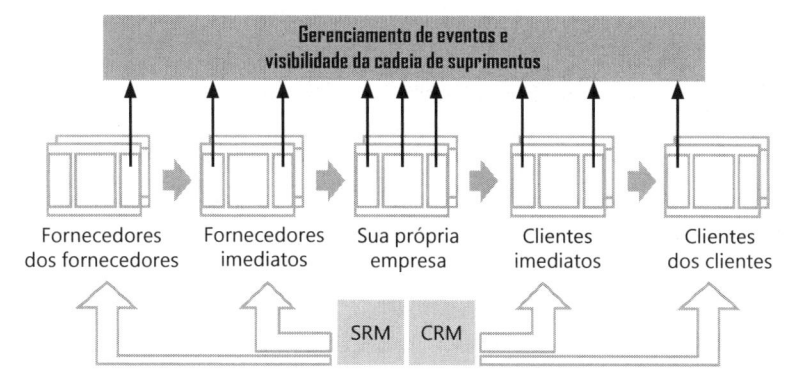

```
          Gerenciamento de eventos e
          visibilidade da cadeia de suprimentos
          ↑    ↑    ↑    ↑    ↑
   □ ⇒ □ ⇒ □ ⇒ □ ⇒ □
Fornecedores  Fornecedores  Sua própria   Clientes      Clientes
dos           imediatos     empresa       imediatos     dos clientes
fornecedores
   ↑          ↑                           ↑             ↑
   └──────────┴──── SRM    CRM ───────────┴─────────────┘
```

Fonte: Adaptado de Taylor, 2005, p. 116.

Como mostra a Figura 2.6, o SRM é responsável pela integração entre a empresa e os fornecedores imediatos e os fornecedores de seus fornecedores. Já o CRM é responsável pela integração com os clientes imediatos e os clientes de seus clientes. Por meio dessas tecnologias, é possível criar valor para o cliente e reduzir os custos de estoque e manuseio de materiais.

O estudo de caso a seguir apresenta um exemplo de CRM e evidencia as vantagens de a empresa conhecer os hábitos de seus clientes.

Estudo de caso

CRM na rede de supermercados Pão de Açúcar

A rede de supermercados Pão de Açúcar possui um posicionamento de alto valor no mercado em que atua. Para interagir com seus consumidores, que apresentam diferentes perfis e comportamentos de consumo, a partir de sua estratégia de diferenciação de produtos e serviços, é criado o programa de relacionamento, chamado de Pão de Açúcar Mais.

Esse programa, desde sua criação em 2000, cadastrou mais de 2 milhões de clientes do Pão de Açúcar, mas apesar desse volume e das respectivas características disponíveis para desenvolver diversas ações, nos primeiros anos de sua operacionalização o programa não conseguiu criar interação diferenciada com seus diferentes perfis de clientes.

Dessa forma, a reformulação do programa a partir de 2006 tem como principal proposta o desenvolvimento dos três processos que permitem a implementação da estratégia de relacionamento: relacionamento, recompensa e reconhecimento. A entrega de valor para cada grupo de clientes é, então, baseada nos diferentes segmentos que estão presentes nas lojas Pão de Açúcar.

[...]
Para que as ações fossem diferenciadas para cada público, o novo Pão de Açúcar Mais também conta com uma segmentação baseada no comportamento de compra dos clientes. A Segmentação Comportamental analisa os grupos de produtos mais presentes nas cestas dos clientes, bem como a frequência com que são comprados.

[...]
A segmentação comportamental de Clientes Mais é usada em diversas campanhas do programa, como: envio de folhetos especiais de vinhos para os clientes gourmet, envio de folheto especial de orgânicos para os clientes saudáveis, comunicação de benefícios exclusivos de acordo com as características de cada segmento.

A base de dados e a inteligência de análise que o programa oferece tornam-se muito atrativas para os fornecedores do Grupo Pão de Açúcar, que buscam desenvolver parcerias altamente segmentadas com o objetivo de alcançar seus melhores atuais e potenciais consumidores.

As parcerias estabelecidas sempre visam à entrega de um benefício exclusivo para o Cliente Mais, podendo ser uma oferta exclusiva, um conteúdo diferenciado, a apresentação de um lançamento ou um convite à experimentação. O desenvolvimento da ação começa na definição do objetivo, passando pela análise da base, em que é identificado o grupo de clientes que fará parte da ação, segue pela definição da estratégia, ou seja, qual o benefício mais adequado ao público da ação, o que leva ao atendimento dos objetivos.

Fonte: Riegel; Pereira, 2010, p. 2, 7-8.

Síntese

O serviço ao cliente é uma das atividades mais importantes da logística e da distribuição física, pois, com base na definição do nível de serviço a ser prestado aos clientes, é possível definir as necessidades das atividades logísticas. Assim, a logística e o *marketing* são as principais funções responsáveis pela agregação de valor aos clientes. Entender como satisfazer os clientes, assim como apresentar as características do produto e do serviço fornecido pela empresa, foi o foco principal deste capítulo. Além disso, destacamos duas ferramentas que atualmente são muito utilizadas na gestão do serviço ao cliente: o CRM e o SRM.

Questões para revisão

1. Avalie se as afirmações a seguir são verdadeiras (V) ou falsas (F):

    ( ) São elementos de pré-transação do atendimento ao cliente: compromisso entregue ao cliente; compromisso de procedimento; definição de métodos de processamento; estrutura organizacional; serviços técnicos; e serviço flexível.

    ( ) A partir de análises da literatura e pesquisas é possível desenvolver uma relação entre vendas e serviço ao cliente. Essa relação mostra como se comportarão as vendas quando o nível de serviço da empresa superar ao da concorrência. O gráfico que detalha essa relação possui três estágios bem definidos, que são: limiar, retornos decrescentes e; declínio de vendas.

2. Uma pizzaria realiza entregas em quatro bairros da região central da cidade de Fortaleza (CE) num prazo estimado de 40 minutos. Numa noite de sábado, foram solicitadas 320 *pizzas* para entrega domiciliar. Contudo, somente 240 *pizzas* foram entregues no prazo de 40 minutos. Marque a alternativa verdadeira com relação ao valor do nível de serviço ao cliente:

a) 25%.
b) 75%.
c) 100%.
d) 80%.
e) 50%.

3. Uma transportadora de cargas fornece serviços de transporte rodoviário para três estados da Região Nordeste (Piauí, Rio Grande do Norte e Ceará), para aproximadamente 50 clientes. A empresa monitora suas entregas usando três indicadores: entregas na data marcada, entrega de pedido completo e quantidade de erros por entrega. Em abril de 2015, a empresa recebeu 612 pedidos de produtos de seus clientes e conseguiu atender 532 pedidos no prazo acordado, com 515 pedidos completos e 502 pedidos sem erros. Com base nessas informações, marque a alternativa correta com relação ao valor do pedido perfeito:
a) 0,40 ou 40% dos pedidos.
b) 0,50 ou 50% dos pedidos.
c) 0,60 ou 60% dos pedidos.
d) 0,70 ou 70% dos pedidos.
e) 0,80 ou 80% dos pedidos.

4. Explique detalhadamente a diferença entre a gestão de relacionamento com cliente (ou *Customer Relationship Management* – CRM) e a gestão de relacionamento com fornecedores (ou *Supplier Relationship Management* – SRM).

5. A distribuição física é importante para o serviço ao cliente. Descreva os três fatores fundamentais ao serviço ao cliente a partir do bom desempenho da distribuição física.

Questões para reflexão

1. Descreva a importância da logística e do *marketing* no serviço ao cliente.
2. Por que é importante classificar produtos para a definição do serviço ao cliente?
3. Na logística, o que é serviço ao cliente?
4. Desenvolva três perguntas para cada elemento do serviço ao cliente.
5. O que é CRM e qual é sua importância para o serviço ao cliente?

Para saber mais

PEPPERS & ROGERS GROUP. Disponível em: <http://www.peppersandrogersgroup.com/>. Acesso em: 27 jun. 2017.

A Peppers & Rogers Group foi fundada em 1993, por Don Peppers e Martha Rogers, ambos com título de ph. D., precursores do desenvolvimento do conceito de CRM e do *marketing* um para um, na década de 1990. Atualmente, a empresa trabalha no desenvolvimento e na aplicação dessas ferramentas em diversas organizações.

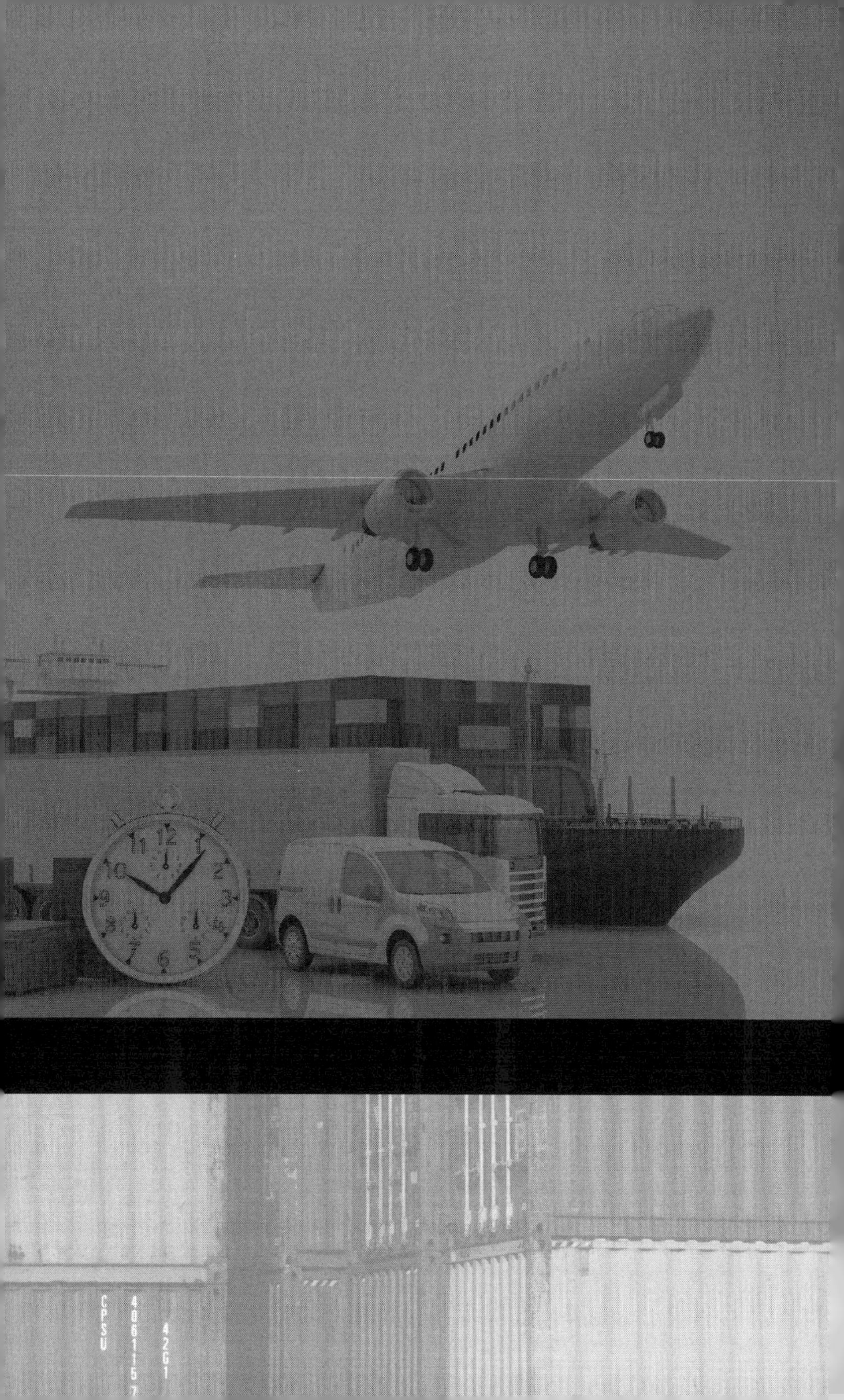

Introdução à distribuição física

Conteúdos do capítulo:

- Definição de distribuição física.
- Análise dos fatores que impactam a distribuição física.
- Detalhamento dos componentes da distribuição física.
- Planejamento estratégico, tático e operacional da distribuição física.
- Custos na distribuição física.
- Estratégias da distribuição física.

Após o estudo deste capítulo, você será capaz de:

1. compreender o significado, os fatores e os componentes da distribuição física;
2. planejar os diversos níveis da distribuição física;
3. analisar os custos na distribuição física;
4. aplicar estratégias para melhorar a distribuição física.

3.1 Definição de DISTRIBUIÇÃO FÍSICA

O objetivo de qualquer sistema logístico é satisfazer os clientes. Esse objetivo é alcançado, em grande parte, por meio da consecução das atividades da distribuição física, a qual, de acordo com Christopher (2013), consiste em viabilizar a disponibilidade de produto. Assim, como explicam Alvarenga e Novaes (2000), a distribuição física ocupa um lugar de destaque nos problemas logísticos das empresas não apenas em função dos custos envolvidos, mas também pela necessidade de melhorar os níveis de serviço de atendimento aos clientes. Portanto, trata-se de uma atividade essencial dentro da logística, capaz de contribuir para a obtenção de um diferencial competitivo.

Nas definições de *distribuição física*, destacam-se várias atividades relacionadas com a disponibilização do produto final ao consumidor.

Definições de DISTRIBUIÇÃO FÍSICA

- "Ramo da logística empresarial que trata da movimentação, estocagem e processamento de pedidos dos produtos finais da firma" (Ballou, 1993, p. 40).
- "Conjunto interdependente de organizações envolvidas no processo de tornar o produto ou serviço disponível para o uso ou consumo" (Stern; El-Ansary; Coughlan, 1996, p. 16, tradução nossa).

- "Processos operacionais e de controle que permitem transferir os produtos desde o ponto de fabricação até o ponto em que a mercadoria é finalmente entregue ao consumidor" (Novaes, 2007, p. 123).
- "É a parte da cadeia de suprimentos que planeja, implementa e controla com eficiência a transferência de produtos, serviços e informações entre o ponto de origem e o ponto de consumo para atender às necessidades dos clientes" (CSCMP, 2017, tradução nossa).

As definições listadas evidenciam que, na distribuição física, os pedidos são processados, estocados, embalados e transportados até o cliente final, e isso inclui a comunicação durante os processos.

No estudo de caso a seguir você poderá perceber a importância dos processos de distribuição física para o desempenho do negócio empresarial.

Estudo de caso

Sistema de distribuição da empresa Kibon

[Este estudo de caso] situa-se dentro do setor de Distribuição Primária por envolver transporte e estoque. Esta área é responsável por todos os processos e decisões a partir do momento em que o produto final é acondicionado em paletes e liberado pelas áreas de qualidade nas fábricas até a sua chegada nos clientes primários, ou seja, nas filiais e distribuidores.

Assim, a partir da retirada diária da produção das fábricas e sua armazenagem nos CD's centrais até a entrega para os clientes varejistas (filiais e distribuidores), a área de Distribuição decide quanto e quando transportar e estocar.

Os dois CD's centrais são operados por grandes operadores logísticos da região, sendo essa operação terceirizada. Portanto, com relação a essa etapa do processo, o setor de Distribuição da Kibon avalia a performance dos parceiros através de uma série de indicadores. As filiais são CD's regionais que pertecem a Kibon e, em alguns casos, também possuem operações terceirizadas. Esses CD's se comportam como clientes da Distribuição Primária, embora seus pedidos sejam colocados pelos próprios analistas de Distribuição.

Assim, partindo da demanda de cada filial, decide-se o quanto será enviado a cada local.

Os distribuidores são concessionárias exclusivas Kibon que compram como grandes clientes varejistas e depois distribuem esses sorvetes para os pontos de vendas pulverizados (locais com conservadoras).

[...]

Analisando a situação atual dos estoques da Kibon, nota-se que em geral a cadeia possui um nível de estoques muito elevando chegando, em alguns casos, a cobertura de 120 dias da demanda prevista. Além disso, há uma distorção no mix de produtos, sendo que mesmo com este nível, alguns produtos estão em falta.

[...]

Dentro deste contexto, a utilização da modelagem matemática surge como uma ferramenta para análise da estratégia, buscando um bom equilíbrio na cadeia. Além disso, o modelo também poderá visualizar com maior eficiência a distribuição dos estoques ao longo da cadeia, sendo que a lógica do funcionário seria utilizada somente para análise e acompanhamento desta distribuição, evitando possíveis falhas e reduzindo o custo global.

Fonte: Pereira, 2004, p. 37-38, 42-43.

3.2 Planejamento da distribuição física

Conforme Bertaglia (2003, p. 155), o "planejamento da distribuição corresponde ao desenvolvimento das ações que orientarão os recursos da distribuição em relação às necessidades de distribuição especificadas pela demanda".

Com base em Ballou (2006, p. 52), podemos afirmar que o planejamento da distribuição física se dá em três níveis – estratégico, tático e operacional.

I. **Nível estratégico**: relaciona-se às decisões e à gestão estratégica da própria empresa. A distribuição física deve participar de decisões sobre serviços, produtos, mercados, alianças, investimentos, alocação de recursos, entre outros aspectos, sendo considerada de longo alcance (maior do que um ano). Exemplo: decisão da localização de um armazém e terceirização de operações, como armazenamento e transporte por operadores logísticos.

2. **Nível tático ou estrutural**: envolve um horizonte de tempo intermediário, geralmente menos de um ano. Requer um conhecimento profundo do problema em questão. Exemplo: aquisição da infraestrutura, como caminhões e armazéns.

3. **Nível operacional ou funcional**: envolve a tomada de decisão de curto prazo, usualmente feita com base no custo por hora ou em diárias. Os planejadores da distribuição operam com dados acurados e os métodos devem ser capazes de manipular um grande volume desses dados. Exemplo: carregamento de produto para a distribuição e alocação da carga em diferentes transportes.

Novaes (2007) chama a atenção para os principais fatores que devem ser considerados no planejamento da distribuição física:

- **Distância entre os pontos**: é a distância entre o ponto de origem e o destino da distribuição. Exemplo: com base na distância entre o fornecedor e o cliente, bem como no tempo e no custo despendidos, é possível selecionar o melhor modal de transporte (aéreo, rodoviário, dutoviário, ferroviário ou aquaviário).

- **Velocidade operacional**: é a velocidade média entre os pontos de origem e destino, descontando-se os tempos de carga e descarga e o tempo de espera para recebimento da carga. Exemplo: com base na velocidade operacional do transporte, é possível dimensionar a quantidade de veículos para transportar.

- **Tempo de carga e descarga**: é o tempo total despendido na pesagem, na conferência e na emissão de documentos, bem como os tempos das operações de carga e descarga. Exemplo: a utilização de paletes para movimentação interna pode reduzir os tempos de carga e descarga em razão da velocidade de acondicionamento dos produtos.

- **Tempo porta a porta**: é o tempo entre os pontos de origem e destino, também chamado de *tempo em trânsito*. Exemplo: produtos importados, geralmente, demoram mais no tempo porta a porta do que produtos

Logística e distribuição física

nacionais em virtude dos procedimentos aduaneiros nos portos, do tempo de transporte e das dificuldades na rota de entrega do produto.

- **Quantidade transportada**: é a quantidade transportada entre os pontos de origem e destino. Exemplo: com base na quantidade transportada, é possível escolher o tipo de serviço de transporte e analisar se é melhor terceirizá-lo ou não.

- **Disponibilidade de carga de retorno**: pode garantir o frete de retorno ao ponto de origem, de forma a cobrir parte dos custos operacionais da distribuição. Exemplo: uma empresa da Região Nordeste transporta produtos alimentícios para a Região Sudeste, que retorna com a produção de manufaturados.

- **Densidade da carga**: é o volume e o peso do produto a ser transportado da origem ao destino. Exemplo: com base na densidade do produto, é possível escolher o tipo de veículo adequado à distribuição. Nos produtos de baixa densidade, por exemplo, as taxas de transporte são negociadas pelo volume e não pelo peso.

- **Valor unitário dos produtos**: é o valor financeiro do produto distribuído entre os pontos de origem e destino (Novaes, 2007). Exemplo: a distribuição de produtos com alto valor agregado, como joias, exige investimentos em monitoramento e segurança.

- **Grau de fragilidade**: é a fragilidade do produto distribuído entre os pontos de origem e destino. Exemplo: é preciso observar se a fragilidade do produto permite ou não a utilização de paletes no transporte.

- **Grau de periculosidade**: é a periculosidade do produto distribuído entre os pontos de origem e destino. Exemplo: alguns produtos, como baterias, ácidos, derivados de petróleo e outros produtos considerados perigosos, requerem o uso de veículos especiais e/ou operações de distribuição muito mais complexas.

- **Custo global**: é o custo total do produto para ser distribuído entre os pontos de origem e destino. Exemplo: de acordo com o custo total das entregas, é possível definir as operações de distribuição e o nível de serviços que se deseja oferecer aos clientes.

O estudo de caso a seguir trata do planejamento do sistema de distribuição física de uma empresa europeia, a Opel.

Estudo de caso

Sistema de distribuição da Opel, na Alemanha

A Adam Opel AG (mais conhecida como Opel) é uma fabricante de automóveis com sede na Alemanha e subsidiária da General Motors (GM) desde 1929. A empresa foi fundada por Adam Opel, em 1863, como uma fábrica de máquinas de costura. Em 1886, passou a produzir bicicletas e, em 1899, passou a produzir automóveis e vem mantendo esse tipo de produção até os dias de hoje.

Na cidade alemã de Bochum, a Opel fabrica carros como Kadett, Astra e Zafira e possui um grande centro de distribuição (CD). Recebe produtos GM de fabricantes de peças originais e distribui (via trem, veículos e avião) para concessionárias localizadas no mundo inteiro.

Vamos considerar, por exemplo, um funcionário que trabalha nesse CD como coletor de peças. Ele recebe um pedido com uma lista de produtos, em que estão indicados o cliente e seu endereço, e percorre os corredores com um carrinho motorizado, recolhendo peças GM original das estantes. Cada peça recolhida é identificada pelo código de barras e, assim, o funcionário pode dar baixa automática no estoque. Em seguida, recolhe os produtos e etiqueta e embala conforme requerido, seguindo algumas regras, como:

- produtos frágeis, como para-brisas, são identificados com etiquetas vermelhas;
- baterias não podem ser transportadas via aérea e precisavam de uma embalagem especial à prova de vazamentos;
- alguns países (por exemplo, os do Oriente Médio) não aceitam mercadorias produzidas em determinados países;
- conforme a localização do cliente, é definido o modal mais apropriado;
- concessionárias europeias recebem seus pedidos em até 24 horas.

Os indicadores relacionados ao tempo de coleta e entrega correta do produto ao cliente são monitorados constantemente. O dia a dia de um *opelaner* (trabalhador da Opel) nessa função exige muita concentração, rapidez e dedicação.

3.3 ELEMENTOS DA DISTRIBUIÇÃO FÍSICA

De acordo com Novaes (2007, p. 252), um sistema de distribuição física é composto pelos seguintes elementos:

- **Instalações físicas**: fornecem os espaços destinados a abrigar as mercadorias até que sejam transferidas para as lojas ou entregues aos clientes. Apresentam facilidades de carga e descarga dos produtos e possibilitam o transporte interno e o carregamento dos veículos de distribuição.

- **Estoques de produtos**: o custo do capital (imobilizado) dos produtos acabados que permanecem estocados passou a ser um encargo elevado para as empresas. Hoje se busca constantemente a redução dos níveis de estoque na manufatura e no varejo.

- **Veículos**: os produtos são normalmente comercializados em pontos diferentes dos locais de fabricação, e sua distribuição requer o deslocamento espacial das mercadorias, o que pode ser efetuado por meio de veículos específicos.

- **Informações variadas**: produtos são transportados para vários pontos e devem ter sua distribuição fundamentada em diversas informações. Por exemplo: cadastro de clientes, quantidade de produtos, horários de entrega e tipo de acondicionamento.

- *Hardware e software*: fornecem ajuda no planejamento e na sincronização de cargas, na preparação de roteirização, na manutenção da frota, no controle de desgaste dos pneus e no monitoramento de veículos.

- **Estrutura de custos**: é necessária para que a operação da distribuição física seja competitiva, deixando de utilizar estruturas clássicas, como a de transferência de produtos, para utilizar roteiros compartilhados de viagem única e com maior frequência.
- **Pessoal**: a formação e o treinamento especializados são cada vez mais necessários para o acompanhamento da evolução dos equipamentos e o tratamento das informações das atividades logísticas da distribuição.

No próximo estudo de caso, observe os elementos da distribuição física necessários para o planejamento de uma distribuidora de cosméticos.

Estudo de caso

Componentes da distribuição de uma distribuidora de cosméticos

Uma empresa distribuidora de cosméticos, localizada em São Paulo (SP), distribui produtos para todo o Brasil e realiza parte de suas atividades de distribuição física por meio de um prestador de serviços. Para verificar a possibilidade de realizar todas as atividades internamente, a empresa analisou seus principais componentes do sistema de distribuição:

- **Instalação física**: matriz em São Paulo (SP) e cinco filiais, sendo duas em Porto Alegre (RS), uma em Salvador (BA), uma em Fortaleza (CE) e uma em Belém (PA).
- **Estoque de produtos**: possui em torno de 2 mil *stock keeping unit* – SKU (em português, unidade de manutenção de estoque), divididos na matriz e nas filiais. Todos os SKUs são estocados em sistemas especializados.
- **Veículos**: possui uma frota de caminhões – 22 caminhões tipo *toco*; 3 caminhões tipo *truck*; e 10 veículos tipo *kombi*.
- **Informações variadas**: o sistema de informação da empresa fornece dados sobre clientes, estatísticas de compras, inadimplência, cadastros de fornecedores, vendedores e clientes, histórico de vendas, faturamento dos pedidos, emissão de notas fiscais, entre outros.

- **Hardware e software**: a empresa utiliza *smartphones* para gerar os pedidos externos e computadores para acompanhamento. O sistema integrado da empresa conta com um banco de dados que fornece relatórios gerenciais de acompanhamento da distribuição.
- **Pessoal**: conta com cerca de 300 colaboradores – vendedores, motoristas, conferentes, ajudantes de armazéns, analistas de logística, colaboradores do financeiro, gerentes, diretores, entre outros.

Com base nessa análise, foi possível observar os pontos fortes e fracos do sistema de distribuição da empresa. Foi identificado que os pontos fortes são: as instalações físicas bem divididas no país; a estrutura de estoque de produtos, a qual permite armazenar os produtos da melhor maneira; o sistema de informação, *hardwares* e *softwares*, que possibilita, por meio de um banco de dados, a boa comunicação e o gerenciamento eficiente. Os pontos negativos são: a quantidade disponível de veículos e de pessoal. Portanto, para a quantidade de produtos operacionalizados no sistema de distribuição da empresa, os elementos da distribuição *veículos* e *pessoal* precisam de um acréscimo em torno de 25%.

Nesse estudo de caso, foi mencionado o conceito de SKU. O SKU influencia os elementos do sistema de distribuição e é o nível mais detalhado de identificação de um item, facilitando a comunicação entre os elementos da distribuição. Veja um exemplo para calçados:

- Departamento: calçados.
- Seção: calçados femininos.
- Categoria: chinelos femininos.
- Produto (SKU): chinelo de tiras, modelo XYZ. Exemplo: chinelo de tiras modelo XYZ tamanho 36.

> Um mercado pode ter de 4 a 10 mil SKUs e um hipermercado pode ter até 80 mil SKUs.

3.3.1 CENTRO DE DISTRIBUIÇÃO

Os centros de distribuição (CDs) são instalações logísticas estratégicas para o sistema de distribuição de produtos. Geralmente ficam situados em locais de fácil acesso ao transporte e permitem um rápido abastecimento. Por conta da demanda dos clientes por disponibilidade (no lugar e no tempo certos) dos produtos, a utilização de CDs vem aumentando, pois possibilitam que as empresas estejam mais próximas de seus clientes e que o tempo de resposta seja menor, propiciando, assim, um serviço melhor ao cliente.

As principais funções dos CDs são:

- consolidar as cargas para reduzir o custo de transporte por meio de cargas completas;
- fracionar as cargas para facilitar a transferência em cargas menores;
- melhorar o nível de serviço prestado, ao posicionar o estoque mais próximo dos clientes.

As principais atividades desenvolvidas em um CD são:

- recebimento de cargas;
- movimentação no estoque;
- estocagem de produtos;
- separação de pedidos (*picking*);
- embalagem;
- expedição.

> Na indústria automobilística, os veículos são, após a produção na fábrica, em sua maioria, transportados por ferrovias ou rodovias para um CD, no qual são estocados para, posteriormente, serem transportados para várias concessionárias de veículos.

O estudo de caso a seguir aborda a identificação dos tempos nas operações de transporte entre um CD e a fábrica.

Estudo de caso

Identificação dos tempos nas operações de transporte entre CD e Fábrica

Com vistas ao aumento da produtividade de um CD, foi realizado um estudo dos tempos nas operações de transporte de ressuprimento de bebidas. Assim, as seguintes operações foram identificadas para coletar os tempos operacionais:

1. carregar no CD: tempo para preparar e carregar o veículo para a próxima puxada;
2. sair do CD: tempo que o veículo tem para fazer o abastecimento e a manutenção preventiva e sair do CD;
3. trânsito entre CD e fábrica: tempo necessário para sair do CD e chegar à fábrica;
4. espera na fábrica: tempo que o veículo espera na fábrica – em razão de fatores como: outro veículo carregando, parada para refeição, conciliação e preparativo para enviar a ordem do pedido;
5. tempo interno na fábrica: tempo necessário para descarregar e carregar o veículo;
6. trânsito entre fábrica e CD: tempo necessário para o veículo chegar ao CD;
7. espera no CD: tempo de espera para descarregar o veículo dentro do CD;
8. descarregamento no CD: tempo necessário pra descarregar o veículo a fim de prepará-lo para outra puxada.

3.4 Principais atividades da distribuição física

O processo de distribuição está associado à movimentação física de materiais, normalmente de um fornecedor para um cliente. Esse processo envolve atividades internas e externas, que exigem o manuseio de documentos legais. Essas atividades estão descritas na sequência.

a) **Processamento do pedido**: várias atividades são incluídas no ciclo de pedido do cliente, que são divididas em: preparação – "engloba as atividades relacionadas com a coleta das informações necessárias sobre os produtos e serviços pretendidos e a requisição formal dos produtos a serem adquiridos"; e transmissão – "envolve a transferência dos documentos do pedido do seu ponto de origem para aquele em que pode ser manuseado" (Ballou, 2006, p. 122, 123).

b) **Armazenagem**: consiste em armazenar os itens em locais específicos no armazém ou no CD – em prateleiras, estantes, tanques, estrados ou até mesmo no solo, muitas vezes sobre protetores de umidade (Bertaglia, 2003).

c) **Manuseio ou movimentação de materiais**: consiste nas movimentações de produtos dentro do armazém ou do CD. Quando o pedido é processado, é necessário selecionar os produtos solicitados e levá-los a um local de expedição (Bowersox; Closs; Cooper, 2006).

d) **Estocagem**: consiste, basicamente, nas atividades de fluxo e gestão de materiais no armazém e no ponto destinado à locação estática desses itens. Dentro de um armazém, podem existir vários pontos de estocagem (Moura, 1997).

e) **Embalagem**: é normalmente analisada sob dois enfoques – como meio de sensibilizar o consumidor, com foco principal no *marketing*, ou como fator industrial, com foco na logística/distribuição. A principal questão das operações de logística é o projeto da embalagem industrial; os produtos são normalmente agrupados em caixas de papelão, sacos, caixotes ou barris, para um manuseio eficiente. Os contêineres, usados para agrupar produtos específicos, são chamados de *embalagens secundárias (master-carton)*. A conteinerização, ou unitização, consiste no agrupamento de embalagens secundárias em unidades maiores. As embalagens secundárias e as cargas unitizadas transformaram-se nas unidades básicas de manuseio nas operações de logística, ou seja, de distribuição física (Bowersox; Closs; Cooper, 2006, p. 336).

f) **Expedição**: corresponde ao processo de carregar e pesar o veículo, emitir a documentação referente ao produto carregado e liberar o veículo para o transporte até a demanda (Bertaglia, 2003).

g) **Transporte**: corresponde à movimentação física do produto desde o fornecedor até o cliente. Para realização do transporte, é necessário realizar um planejamento e uma programação adequados.

3.5 Custos na distribuição física

A distribuição física é uma das áreas da logística que mais geram custos em uma empresa, pois engloba atividades complexas como transporte, processamento de pedido, estocagem, manuseio de materiais e expedição. A ineficiência da rede de distribuição pode acarretar custos desnecessários, além do não cumprimento de prazos de entrega, perda de mercadorias perecíveis, gastos excessivos com estocagem e rotas cruzadas.

Em muitas empresas, considera-se que seus sistemas distribuição são eficientes, pois cada atividade que compõe a distribuição (recebimento, estocagem, armazenagem, transporte, entre outras) parece realizar um bom trabalho, mantendo os próprios custos em um nível baixo. Contudo, para ser diferenciado, um sistema de distribuição deve contemplar um conjunto de esforços coordenados para minimizar os custos totais.

Na distribuição física, especificamente, pode ser desenvolvido um sistema para abranger todas as atividades, desde a saída do produto da linha de produção até a entrega. O importante nesse tipo de sistema é conseguir o rastreamento dos custos por meio da estrutura logística, evitando-se o rateio indiscriminado de custos.

A equação a seguir contempla os custos relativos ao sistema de distribuição:

$$CD = CAM + CTRA + CE + CME + CTI + CTRI + CDNS + CAD$$

Os custos que compõem essa equação são assim descritos:

- **Custos de armazenagem e movimentação de materiais (CAM):** são os custos relacionados a todos os movimentos da retirada e da armazenagem do produto do produtor até o cliente.

- **Custos de transporte (CTRA):** são os custos da movimentação entre dois pontos, somados às despesas relacionadas com o gerenciamento e a manutenção de estoque em trânsito até o cliente.

- **Custos de embalagens (CE):** são os custos necessários para a distribuição, pois é a embalagem que garante a movimentação de forma eficiente e a integridade e qualidade dos produtos.

- **Custo de manutenção de estoques (CME):** são os custos incorridos para que os materiais e os produtos estejam disponíveis para o sistema de distribuição.

- **Custo de tecnologia da informação (CTI):** pedidos de clientes, necessidade de estoques, movimentação nos armazéns, documentação de transporte e faturas são algumas das informações logísticas mais comuns; portanto, o fluxo de informação é um elemento de grande relevância na distribuição física.

- **Custos tributários (CTRI):** a análise desses custos (não recuperáveis) é focada no fluxo de bens e serviços. Os seguintes tributos são os mais significativos: Imposto sobre Produtos Industrializados (IPI); tributos sobre operações de distribuição que podem ser modelados de acordo com o trajeto, o contratante, o local de origem, o modo de transporte utilizado, o destino final, como o Imposto sobre Circulação de Mercadorias e Serviços (ICMS); o Programa de Integração Social (PIS), a Contribuição para o Financiamento da Seguridade Social (Cofins) e diversas taxas alfandegárias.

- **Custos decorrentes do nível de serviço (CDNS):** são os custos oriundos do nível de qualidade de serviço a ser ofertado – quanto maiores forem as exigências, maiores serão o nível de estoque, a quantidade de pessoal envolvido, a necessidade de sistemas de informação, ou seja, maior será o custo logístico.

- **Custos de administração da distribuição (CAD):** são os custos ligados aos serviços de apoio à distribuição, como mão de obra e depreciação de equipamento; geralmente são fixos e indiretos, pois independem de quantidades estocadas e movimentadas e são comuns a todos os processos.

No próximo estudo de caso, são enfocados os custos de distribuição de uma distribuidora de alimentos.

Estudo de caso

Análise de custos de distribuição física em uma distribuidora de alimentos

Um distribuidor de alimentos entrega 40 tipos diferentes de produtos para aproximadamente 2 mil clientes na Região Nordeste do Brasil, contando com uma frota própria de 30 veículos de diversos tamanhos e idades que entregam em 42 zonas, totalizando 145 rotas de entregas diferentes.

Essa empresa tem cinco concorrentes no mesmo segmento, atuando em regiões similares. Essa concorrência gerou a necessidade de uma análise detalhada da composição dos custos de distribuição. Assim, o custo da distribuição física de cada produto foi definido por um conjunto de atividades que incluíam os seguintes fatores: rota de entrega (transporte), impostos, estocagem, manuseio, carga e descarga na distribuição. Para cada um desses elementos, foram associados os itens a seguir:

- Rota de entrega, foram associados: horas de trabalho do motorista; custos relativos às entregas; consumo de combustível; manutenção; taxas; depreciações; e possíveis perdas ou quebras de embalagens e de produtos ocasionadas pelo transporte.
- Impostos: ICMS; IPI; PIS; e Cofins.
- Estocagem: custos de manutenção de estoque e preparação do pedido.
- Manuseio: horas de utilização dos equipamentos; depreciação dos equipamentos; horas de trabalho da equipe de manuseio; e separação dos pedidos.
- Carga e descarga: horas de trabalho da mão de obra terceirizada na carga e descarga; custo de diárias; e gastos com as necessidades em viagens.

Com o levantamento dos principais custos, foi possível calcular o custo de cada uma das 145 rotas de entrega. Como resultado, obteve-se que o custo de distribuição representou em torno de 6% das vendas. Em algumas rotas, esse valor foi superior a 10%. Com essa informação, os gestores da logística de distribuição puderam tomar decisões com maior precisão.

3.6 Estratégias de distribuição

De acordo com Simchi-Levi, Kaminsky e Simchi-Levi (2010), as estratégias de distribuição física são fundamentais para o bom desempenho logístico e devem se adequar a necessidades específicas de cada organização. Nesse contexto, devemos ter em mente que o desenvolvimento de uma estratégia de distribuição depende da correta utilização dos canais de distribuição da empresa. Para isso, é preciso entender como os canais funcionam, como se organizam, que importância eles têm e, principalmente, qual é o nível de serviço estabelecido para o atendimento desses canais.

De acordo com Chopra e Meindl (2003) existem quatro principais estratégias de distribuição:

1. **Remessa direta**: itens são enviados diretamente do fabricante para o varejo, o atacado ou o consumidor final, sem passar por um CD.
2. **Estoques no armazém ou CD**: adotam-se armazéns ou CDs que mantenham estoques e atendam aos clientes conforme a necessidade.
3. **Cross-docking**: os produtos são distribuídos continuamente, dos fornecedores para os clientes, por meio de armazéns ou CDs. A distribuição física dos produtos é redirecionada sem uma estocagem prévia. Entretanto, raramente os armazéns mantêm os produtos por mais de 15 horas. Essa estratégia permite que as entregas sejam realizadas em menor tempo, disponibilizando maior espaço físico para estocagem.

4. **Milk-run**: é um tipo de transporte para entrega e coleta de produtos em que o veículo de carga pode tanto entregar um produto de um único fornecedor para diversos clientes como coletar um produto de vários fornecedores e entregá-lo a apenas um cliente.

> **Exemplo de *cross-docking***: uma empresa de alimentos congelados distribui seus produtos em carretas desde a fábrica em São Paulo (SP), passando por um CD em Fortaleza (CE), que realiza o *cross-docking*. Depois disso, distribui os produtos em veículos de tamanho diferentes para diversos clientes do estado do Ceará.
>
> **Exemplo de *milk-run***: uma indústria siderúrgica de grande porte localizada na Região Metropolitana de Fortaleza utiliza o *milk-run* na coleta de seus funcionários em locais e rotas preestabelecidos. Essa estratégia tem impacto sobre o tempo de chegada dos funcionários e o custo com auxílio-transporte.

Síntese

Neste capítulo, apresentamos o conceito de *distribuição física*, uma atividade essencial dentro da logística. Em seguida, analisamos os fatores que mais têm impacto sobre a distribuição física e detalhamos seus principais componentes. Também abordamos os níveis de planejamento de um sistema de distribuição – estratégico, tático e operacional.

Além disso, mostramos os principais custos da distribuição física, que engloba atividades como: transporte, processamento de pedido, estocagem, manuseio de materiais e expedição. A ineficiência do sistema de distribuição pode acarretar custos desnecessários, além do não cumprimento de prazos de entregas, perda de mercadorias perecíveis, gastos excessivos com estocagem e rotas cruzadas.

Por último, detalhamos as principais estratégias de distribuição física, que são: remessa direta, estoque no armazém ou CD, *cross-docking* e *milk-run*.

Questões para revisão

1. (Cesgranrio – 2011 – Petrobras) Uma das principais atividades relacionadas à gestão logística envolve a distribuição física, que se desenvolve em três níveis: estratégico, tático e operacional. Com relação à administração da distribuição, é **incorreto** afirmar que:

    a) parâmetros como a localização dos centros de distribuição e o projeto do sistema de processamento de pedidos são definidos no nível estratégico.

    b) administrar a distribuição física, no nível tático, consiste em planejar, no longo prazo, a configuração do canal de suprimento, desde o recebimento da matéria-prima.

    c) administrar a distribuição física, no nível operacional, refere-se a administrar tarefas diárias, para que os produtos fluam através do canal de distribuição até os clientes.

    d) o planejamento da configuração global do sistema de distribuição é realizado no nível estratégico.

    e) o foco da administração da distribuição física é principalmente a supervisão das tarefas no nível operacional.

2. (IFRN – 2010) Uma estratégia logística de distribuição é o *Cross-docking*. Ao se utilizar dessa estratégia, pode-se afirmar que os

    a) itens são enviados de forma direta a partir do fornecedor para o varejista, sem passar pelos centros de distribuição.

    b) armazéns mantêm estoques e atendem aos clientes na medida em que os itens são necessários e solicitados.

    c) embarcadores trabalham com a armazenagem de itens de baixa rotatividade e processam as informações para reduzir a variabilidade da demanda.

    d) depósitos funcionam como pontos de coordenação de estoques sem armazenamento de estoques.

3. Com relação às funções de um centro de distribuição, indique se as afirmações a seguir são verdadeiras (V) ou falsas (F):
   ( ) Reduz o número de rotas de transporte para entrega dos produtos.
   ( ) Possibilita receber cargas, movimentar o estoque, estocar produtos, realizar a separação dos pedidos, embalar e expedir o produto.
   ( ) Possibilita dispor de pontos para consolidação de cargas e cross-docking.

4. Detalhe as principais atividades da distribuição física.

5. De forma genérica, quais problemas você teria de resolver caso fosse chamado para planejar um sistema de distribuição física de artigos esportivos, como bolas de futebol?

Questões para reflexão

1. O que é distribuição física?

2. Compare os níveis estratégico, tático e operacional na distribuição física, indicando as decisões que seriam tomadas caso você fosse o responsável em cada nível.

3. Por que a distribuição física é importante?

4. Explique a relação entre o custo de distribuição e o nível de serviço ao cliente.

5. Explique o que é *cross-docking* e quais são suas vantagens.

Para saber mais

TOMPKINS, J.; DALE, H. **The Distribution Management Handbook**. New York: McGraw-Hill, 1994.

Esse é um dos livros pioneiros na gestão da distribuição física e, para seu desenvolvimento, contou com a contribuição de 30 especialistas da área de distribuição física. Nessa obra você encontrará diversos estudos de caso sobre a distribuição de alimentos, móveis e peças automotivas.

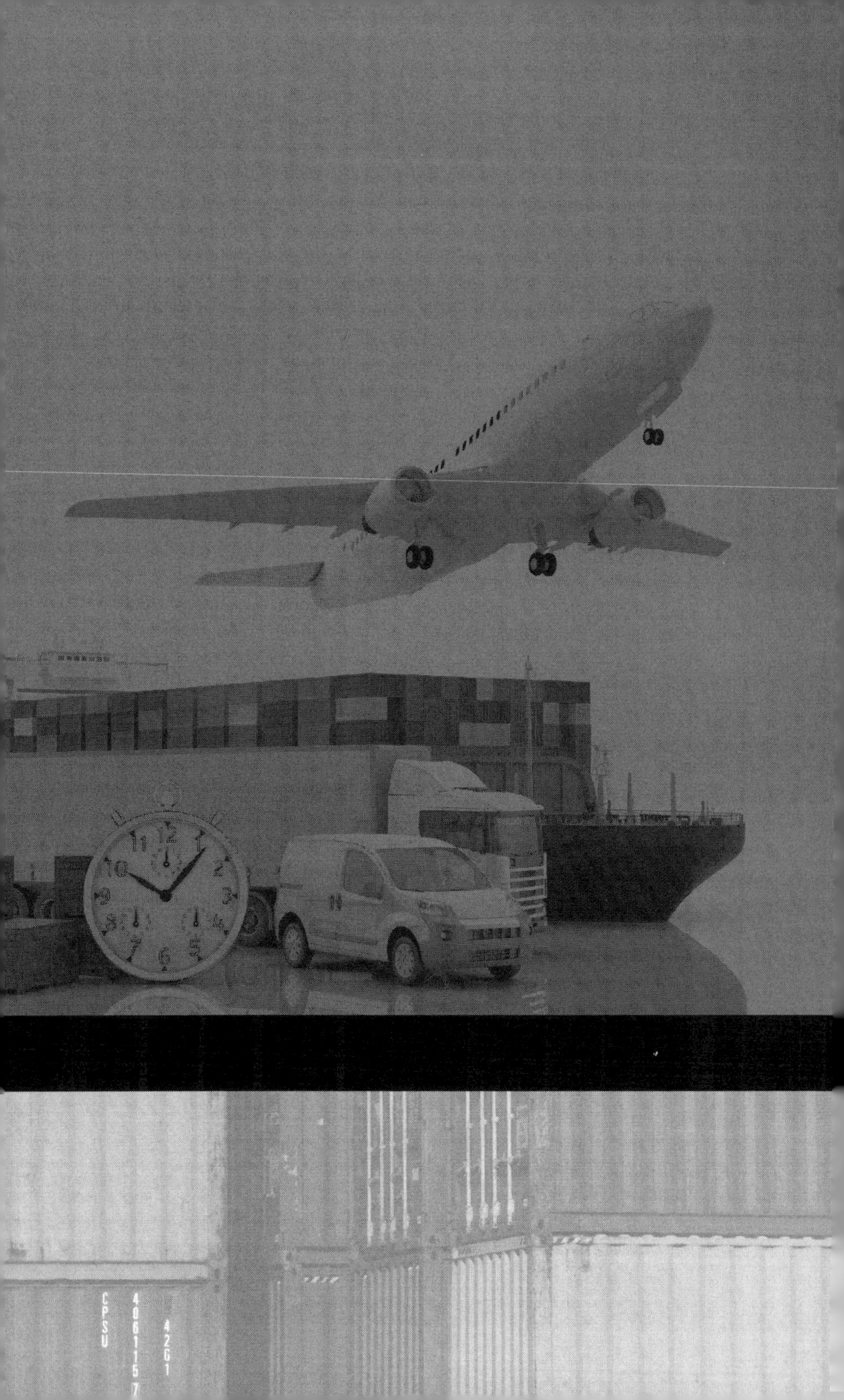

4
Canais de distribuição

Conteúdos do capítulo:

- Conceito, objetivos, funções e propriedades dos canais de distribuição.
- Tipos e formas de canais de distribuição.
- Projeto de um canal de distribuição.

Após o estudo deste capítulo, você será capaz de:

- identificar um canal de distribuição;
- analisar as propriedades e os objetivos de um canal de distribuição;
- identificar os tipos e as formas de canais de distribuição;
- projetar um canal de distribuição.

4.1 DEFINIÇÃO, OBJETIVOS E FUNÇÕES DOS CANAIS DE DISTRIBUIÇÃO

Um dos pontos de maior importância na organização de um sistema de distribuição é a definição de um canal de distribuição, que, de acordo com Coughlan et al. (2002, p. 20), "é um conjunto de organizações interdependentes envolvidas no processo de disponibilizar um produto ou serviço para uso ou consumo".

Conforme podemos observar na Figura 4.1, há uma correlação entre as atividades que constituem a distribuição física de produtos e os canais de distribuição e, em função da estratégia competitiva adotada pela empresa, um esquema de distribuição específico é escolhido. "As atividades logísticas relacionadas à distribuição física são então definidas a partir da estrutura planejada para os canais de distribuição" (Novaes, 2007, p. 124).

Figura 4.1 Paralelismo entre canais de distribuição e distribuição física

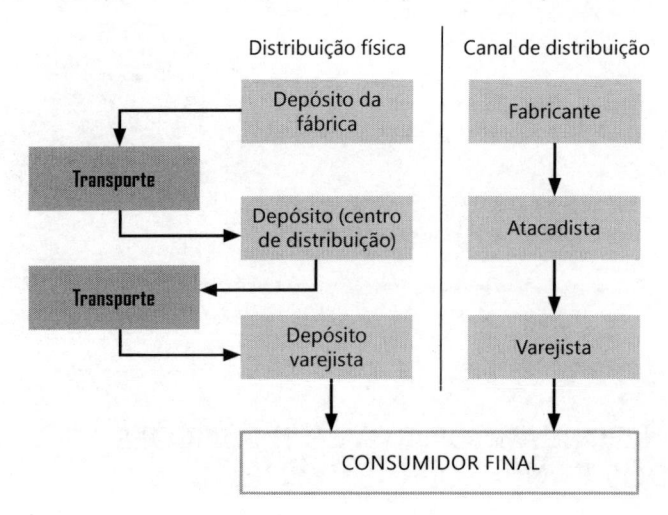

```
           Distribuição física          Canal de distribuição

              Depósito da                   Fabricante
                fábrica
   Transporte
              Depósito (centro              Atacadista
              de distribuição)
   Transporte
              Depósito                      Varejista
              varejista

                       CONSUMIDOR FINAL
```

Fonte: Adaptado de Novaes, 2007, p. 125.

Observe que a distribuição se caracteriza por elementos físicos de armazenamento (por exemplo, os armazéns) e pelo transporte (por exemplo, caminhões); já nos canais de distribuição, destacam-se os meios para disponibilizar os produtos aos consumidores finais.

> **Canal de distribuição:** abrange sistemas que "servem para colocar à disposição de consumidores finais/clientes produtos que são originários de um fabricante" (Megido; Szulcsewski, 2002, p. 55). Nisso estão incluídas organizações que atuam no varejo, no atacado e como distribuidoras.

Portanto, podemos afirmar que os canais de distribuição são sistemas que ligam os fabricantes aos consumidores. Embora os canais para produtos de consumo e os canais para produtos industriais sejam similares, há também algumas diferenças claras. Os canais de consumo são projetados para colocar a produção nas mãos das pessoas, para seu próprio uso, e os canais industriais entregam os produtos a fabricantes ou a organizações que os utilizam no processo de produção ou em operações do dia a dia (Keegan, 2005).

A definição dos objetivos dos canais de distribuição depende essencialmente de cada empresa, da forma como cada uma compete no mercado e da estrutura geral da cadeia de suprimentos. No entanto, conforme aponta Novaes (2007, p. 127), é possível identificar alguns objetivos gerais que estão presentes na maioria dos casos:

- garantir a disponibilidade rápida do produto nos segmentos do mercado identificados como prioritário [...];
- intensificar ao máximo o potencial de vendas do produto em questão. Por exemplo, buscar as parcerias entre fabricante e varejista que permitam a exposição mais adequada do produto nas lojas [...];
- buscar a cooperação entre participantes da cadeia de suprimento no que se refere a fatores relevantes relacionadas com a distribuição. Por exemplo, definir lotes mínimos dos pedidos [...];
- garantir um nível de serviço preestabelecido pelos parceiros da cadeia de suprimento;
- garantir um fluxo de informações rápido e preciso entre os elementos participantes;
- buscar, de forma integrada e permanente, a redução de custos [...].

Com a função de disponibilizar produtos e serviços para o uso ou consumo e satisfazer os usuários finais – sejam consumidores, sejam compradores de empresas –, grande parte das estruturas de canais utiliza intermediários que desempenham papéis na distribuição de produtos e serviços (Coughlan et al., 2002).

De acordo com Novaes (2007), os canais de distribuição desempenham quatro funções básicas, conforme ilustra a Figura 4.2.

Figura 4.2 Funções dos canais de distribuição

```
                    Funções dos canais de distribuição
    ┌─────────────────────────────────────────────────────────┐
    │                   Cadeia de suprimento                  │
    └─────────────────────────────────────────────────────────┘
         ↓              ↓              ↓              ↑
      Demanda:       Demanda:       Serviços     Informações
      indução       satisfação     pós-venda      nos dois
                                                   sentidos
         ↓              ↓              ↓              ↓
    ┌─────────────────────────────────────────────────────────┐
    │                      Consumidor                         │
    └─────────────────────────────────────────────────────────┘
```

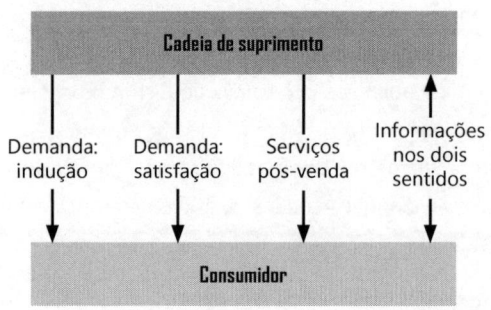

Fonte: Adaptado de Novaes, 2007, p. 128.

Vejamos em que consistem essas quatro funções:

1. **Indução da demanda**: inicialmente, as empresas da cadeia de suprimento precisam gerar ou induzir a demanda para seus produtos ou serviços. Exemplo: apresentação e propaganda do produto.

2. **Satisfação da demanda**: a segunda função é comercializar e distribuir os produtos e serviços, satisfazendo a demanda.

3. **Serviços de pós-venda**: são fornecidos após a satisfação da demanda de produtos ou serviços. Exemplo: coleta de resíduos ou atendimento de reclamações.

4. **Troca de informações**: o canal permite a troca de informações ao longo da cadeia, o que inclui o *feedback* fornecido pelos consumidores aos fabricantes, atacadistas e varejistas da cadeia. Exemplo: rastreamento do produto na entrega.

4.2 Propriedades dos canais de distribuição

Os membros participantes do canal de distribuição são subdivididos em dois grupos distintos: membros primários, que participam diretamente e assumem riscos pelo produto, como fabricantes, atacadistas e distribuidores; e membros secundários, que participam indiretamente, prestando serviços aos membros primários, como empresas de transporte, armazenagem e prestadores de serviços logísticos (Figueiredo; Fleury; Wanke, 2000). Duas propriedades principais de um canal de distribuição são a extensão e a amplitude. A **extensão** "está ligada ao número de níveis intermediários na cadeia de suprimento, desde a manufatura até o consumidor final". A **amplitude**, também denominada *largura do canal*, é representada pelo número de empresas que atuam no canal (Novaes, 2007, p. 135).

Com relação à extensão, existem dois tipos de distribuição (Megido; Szulcsewski, 2002):

1. **Direta**: quando o fabricante vende diretamente para o consumidor. Exemplo: lojas da fábrica, nas quais fabricantes de produtos vendem diretamente aos consumidores. Também podemos citar os prestadores de serviços, os quais executam, eles mesmos, o serviço para o consumidor, como os dentistas e os cabeleireiros.

2. **Indireta**: quando o fabricante utiliza intermediários (atacadista, varejista, entre outros) para colocar o produto ao alcance de seus consumidores. Exemplo: produtos vendidos nos supermercados (que são intermediários entre o fabricante e o consumidor).

Exemplo: canal de distribuição direto da Avon e da Natura

Avon e Natura são empresas fabricantes de cosméticos que comercializam e distribuem seus produtos por meio do canal único ou direto. Uma grande vantagem da utilização desse canal é a pulverização dos pontos de venda, sendo possível cobrir grandes áreas e proporcionar conforto aos clientes, que recebem seus produtos em casa com atendimento customizado. Além disso, as empresas geram um diferencial social ao possibilitar a obtenção de uma renda complementar da família pelo consultor. Os desafios desse canal são o relacionamento com os consultores, que necessitam de constantes investimentos em treinamento, e a falta de exclusividade, que permite a venda de outras marcas por parte dos consultores.

Analisando a Figura 4.3, podemos perceber que o canal de distribuição direto não tem níveis intermediários, a venda é direta do fabricante ao consumidor; já o canal de distribuição indireto apresenta níveis intermediários. O canal tipo 2 acrescenta um nível intermediário: o varejista. O canal tipo 3 utiliza dois níveis intermediários: atacadista e varejista. Por último, o canal tipo 4 possui três níveis intermediários: atacadistas, atravessadores e varejistas (Kotler; Armstrong, 2000).

Figura 4.3 Canais de distribuição de consumo

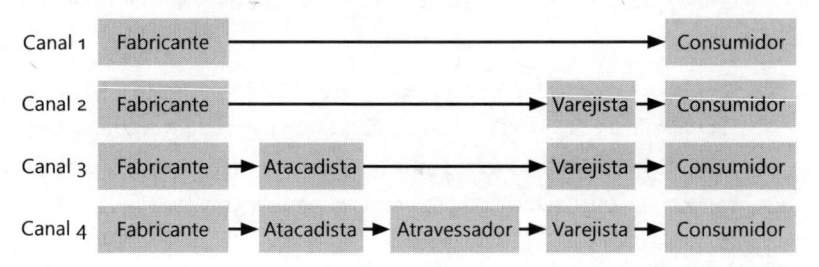

Canal 1: Fabricante → Consumidor

Canal 2: Fabricante → Varejista → Consumidor

Canal 3: Fabricante → Atacadista → Varejista → Consumidor

Canal 4: Fabricante → Atacadista → Atravessador → Varejista → Consumidor

Fonte: Adaptado de Kotler; Armstrong, 2003, p. 309.

Ainda de acordo com a Figura 4.3, podemos identificar os principais componentes dos canais de distribuição:

a) **Fabricante ou produtor**: são as empresas que dão origem ao produto ou serviço que está sendo vendido. Exemplos: Nestlé e Unilever.

b) **Atacadista**: são intermediários primariamente envolvidos em comprar, adquirir direitos de propriedade e, usualmente, armazenar e manipular bens em grandes quantidades e revendê-los (em quantidades menores) a varejistas ou usuários industriais e empresariais. Exemplos: Atacadão e Makro.

c) **Atravessador ou especializado**: são intermediários que compram os produtos do atacadista e revendem para pequenos varejistas que não têm acesso ao atacado. São empresas de segmentos especializados. Exemplos: comerciantes locais de produtos de alto consumo e pouco valor agregado – um ótimo exemplo são os produtos de higiene e os alimentícios.

d) **Varejista**: são intermediários que se dedicam principalmente a vender para consumidores finais, tendo ou não loja. Agregam valor ao oferecer benefícios sob a forma de serviços associados aos produtos. Algumas vantagens da utilização de varejistas são que estes têm capacidade de financiar as compras dos clientes; têm alta capacidade de compra e grande variedade; conseguem ter maior possibilidade de controlar os custos; são mais eficientes no contato entre cliente e fabricante (sem o atacadista). Exemplos: Saraiva e Cultura (livros), Carrefour e Extra (hipermercados), Casas Bahia e Magazine Luiza (consumo de massa), C&A e Lojas Renner (lojas de departamentos).

e) **Usuários finais ou consumidores**: são aqueles que usam o produto para satisfazer suas necessidades.

Quanto maior é o número de intermediários, mais complexa se torna a distribuição e mais distante o fabricante fica de seus clientes finais, dificultando a percepção do consumidor e de novas tendências.

A Figura 4.4 ilustra o caso de um fabricante de doces, no Sul do Brasil, que usa vários canais de distribuição para levar seus produtos aos consumidores:

1. fabricante – representantes comerciais – atacado;
2. fabricante – representantes comerciais – varejo;
3. fabricante – representantes comerciais – cozinha industrial;
4. fabricante – representantes comerciais – exportação;
5. fabricante – vendedores – atacado;
6. fabricante – vendedores – varejo;
7. fabricante – distribuidor – varejo;
8. fabricante – operador logístico – varejo;
9. fabricante – exportação.

Figura 4.4 Canais de distribuição de um fabricante de doces

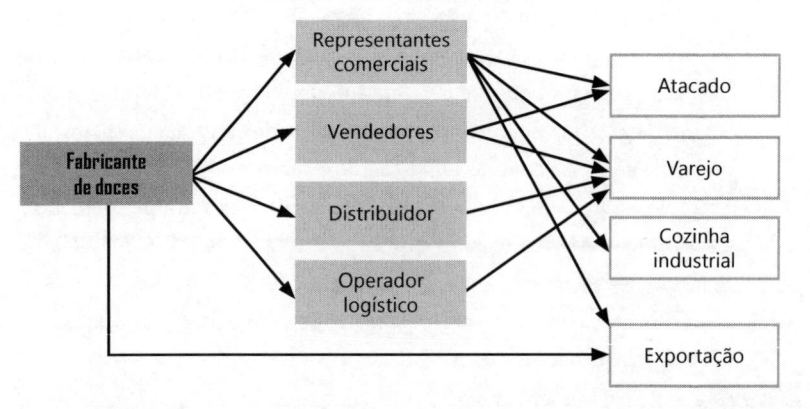

Canais em fabricante de doces

- Fabricante de doces
  - Representantes comerciais
  - Vendedores
  - Distribuidor
  - Operador logístico
- Atacado
- Varejo
- Cozinha industrial
- Exportação

Ainda na Figura 4.4, observe os diversos grupos que participam da distribuição:

- Os **representantes comerciais** são profissionais autônomos que compram doces dos fabricantes e vendem para os segmentos de atacado, varejo, cozinha industrial e exportação.
- Os **vendedores** são funcionários da fabricante de doces que vendem para os segmentos de atacado, varejo, cozinha industrial e exportação.
- O **distribuidor** é uma empresa que compra grande quantidade de doces do fabricante e distribui para o varejo.
- O **operador logístico** é uma empresa de logística contratada pelo fabricante e especializada na entrega dos doces para o varejo.
- A **cozinha industrial** se refere às empresas que utilizam os doces como matéria-prima para a confecção de bolos e sobremesas.
- A **exportação** se refere a clientes compradores de doces em países do exterior.

Com relação à amplitude, são normalmente observados, na prática, três tipos de distribuição (Bowersox; Closs; Cooper, 2006, p. 101):

1. **Distribuição exclusiva**: apenas uma empresa atua em cada região demarcada pelo fabricante do produto. Essa distribuição é chamada *amplitude unitária*. Exemplo: no nível de varejo, há somente um varejista autorizado a vender o produto aos consumidores em cada região. Essa forma de distribuição é utilizada para produtos especiais de alto valor agregado, como uma caneta de alta qualidade.

2. **Distribuição seletiva**: mais de uma empresa atua no mesmo mercado, mas de forma controlada. Essa distribuição é chamada *amplitude múltipla*. Exemplo: o fabricante seleciona três varejistas autorizados a vender seu produto na mesma região. Essa forma de distribuição é utilizada para produtos que envolvem pesquisa antes da compra, como um conjunto de mesa de jantar.

3. **Distribuição intensiva**: várias empresas atuam no mesmo mercado, sem restrições de participantes por região. Essa distribuição é chamada *amplitude múltipla e aberta*. Exemplo: todos os varejistas de uma região vendem o mesmo produto de um fabricante. É utilizada para produto de consumo frequente, como xampu para cabelo.

4.3 Tipos de canais de distribuição

De acordo com Novaes (2007, p. 128), os canais de distribuição são divididos em três tipos principais:

1. **Verticais**: consistem em estruturas mercadológicas verticais em que a responsabilidade sobre o produto é transferida para os participantes da distribuição até chegar ao consumidor final.

2. **Híbridos**: consistem em estruturas mercadológicas em que uma parte das funções logísticas, ao longo do canal de distribuição, é executada por dois ou mais agentes da cadeia de suprimentos.

3. **Múltiplos**: consistem em estruturas mercadológicas em que são adotados vários canais de distribuição para a venda de produtos a segmentos de mercado com perfis distintos de consumidores.

No Quadro 4.1 constam a caracterização e a exemplificação de cada tipo de canal de distribuição. Observe que muitas empresas utilizam vários tipos de canais, conforme a estratégia empregada para cada mercado.

Quadro 4.1 Características e exemplos dos tipos de canais de distribuição

Tipo de canal	Características	Exemplos
Verticais	• O fabricante e o atacadista não têm contato direto com o consumidor final, sendo o varejista responsável pelo contato com o cliente.	Canal de distribuição de geladeiras da Electrolux com varejistas de eletrodomésticos, como Casas Bahia.
Híbridos	• O contato do fabricante é direto com o cliente final. • Clientes que compram grandes volumes obtêm maiores descontos e níveis de serviço mais elevados. • Os serviços logísticos tendem a ser mais eficientes e baratos. • Conflitos podem surgir em virtude da duplicidade da ação entre agentes do canal.	A indústria de medicamentos fornece seus produtos para um distribuidor que entrega várias marcas de medicamentos ao mesmo tempo para hospitais e clínicas.
Múltiplos	• Há maior disponibilidade de produto ou serviço. • Pode haver perda de mercado de um canal de distribuição pela interferência de um agente com maior competitividade no mesmo canal.	Uma distribuidora vende produtos alimentícios para o varejo e também vende em paralelo direto para o cliente final.

No tocante aos múltiplos canais disponíveis, um deles tem se destacado nos últimos anos: a internet. A utilização da internet possibilita agregar valor ao serviço ao gerar mais conveniência para o cliente. Por exemplo: o cliente pode realizar a compra de uma passagem área, às 2h da manhã, sem ter de sair de casa.

Exemplo: utilização do programa IFOOD

O IFOOD é um programa disponível para celulares voltado para o *delivery* de alimentos comprados pela internet. O sistema proporciona ao cliente a opção de pesquisar diferentes opções de refeições em restaurantes ou lanchonetes cadastrados em sua base de dados. Esse aplicativo tem se tornado popular em razão da facilidade de uso da comunicação com o cliente. Além disso, oferece prazos menores de entrega, grande variedade de opções de alimentação e menor custo, além de permitir que o cliente personalize o pedido de acordo com sua necessidade. Apesar disso, apresenta alguns riscos que ainda geram a desconfiança de alguns clientes, como a suscetibilidade a fraudes eletrônicas e a impessoalidade no atendimento.

O estudo de caso a seguir aborda a utilização de um canal de distribuição do tipo híbrido em uma indústria produtora de medicamentos.

Estudo de caso

Utilização do canal de distribuição híbrido por uma indústria de medicamentos

Uma empresa produtora de medicamentos (laboratório), principalmente antibióticos e analgésicos, de médio porte e localizada no interior do estado de São Paulo, distribui seus medicamentos para todo o Brasil. A empresa tem como clientes hospitais, clínicas, farmácias e o governo. Considerando-se que, nós últimos anos, a concorrência vem aumentando bastante, em virtude do crescimento de farmácias de manipulação e da instalação de grandes multinacionais, essa empresa precisa diversificar seu canal de distribuição para conseguir atender satisfatoriamente a todos os seus clientes.

Assim, a diretoria da empresa solicitou uma análise dos membros e de seus relacionamentos no canal de distribuição utilizado. Esse projeto buscou obter possibilidades de melhorias e novas parcerias. Com o levantamento, foram identificados quatro canais de distribuição híbridos:

1. fabricante – varejo (grandes redes de farmácias) – consumidor final;
2. fabricante – atacado (distribuidores) – mercado de saúde privado (hospitais e clínicas) – paciente;
3. fabricante – atacado (distribuidores) – varejo (farmácias pequenas) – consumidor final;
4. fabricante – atacado (distribuidores) – governo (hospitais e clínicas) – paciente.

Após um estudo detalhado das relações entre os membros do canal de distribuição, ficou evidente a importância dos atacadistas farmacêuticos, que são empresas que compram grandes quantidades de medicamentos, fazem o transporte e a estocagem dos produtos e negociam a venda com varejistas e mercados de saúde. Eles também fornecem medicamentos para o governo por meio de licitações. Além disso, foi constatado que os atacadistas estão bastante modernizados tanto na área tecnológica como nas práticas de gestão e recursos humanos, o que gera um diferencial no serviço ao cliente e nos custos de distribuição.

4.4 Como projetar e implementar um canal de distribuição

Segundo Rosenbloom (2002), há cinco razões para conferir maior atenção à estruturação de canais de distribuição:

1. necessidade de conquistar um diferencial em relação à concorrência;

2. aumento do poder dos distribuidores no canal, gerando a necessidade de estabelecer relacionamentos com os distribuidores que sejam mais fortes que os estabelecidos pela concorrência;
3. necessidade de reduzir custos de distribuição;
4. revalorização, por parte das empresas fabricantes, das possibilidades de crescimento, devendo para isso contar com o total apoio de seus distribuidores.
5. impacto do crescente papel das tecnologias da informação e comunicação (TICs).

Assim, de acordo com Novaes (2007, p. 128), para projetar um canal de distribuição, é necessário avaliar alguns atributos:

Etapa 1: Identificação dos Segmentos Homogêneos de Clientes: agrupar os clientes com necessidades e preferências semelhantes em um canal específico.

Etapa 2: Identificação e Priorização das Funções: informações sobre o produto; customização do produto; afirmação da qualidade do produto; tamanho do lote; variedade; disponibilidade; serviços de pós-venda; e logística.

Etapa 3: Benchmarking Preliminar: uma vez definida e detalhadas as funções associadas ao canal de distribuição, é importante analisar o projeto confrontando-o com as melhores práticas dos concorrentes, verificando principalmente o nível de satisfação dos requisitos sob a ótica dos clientes.

Etapa 4: Revisão do projeto: combinando os resultados da analise realizada nas etapas 2 e 3, são definidas algumas opções, compreendendo alternativas possíveis de canais de distribuição e de suas respectivas funções.

Etapa 5: Custos e Benefícios: nesta fase são avaliados, de forma sistêmica, os custos e os benefícios associados a cada opção gerada na etapa 4. Também é importante estimar a divisão do mercado (Market Share) e os investimentos previstos para cada alternativa.

Etapa 6: Integração com as Atividades Atuais da Empresa: normalmente, quando uma empresa lança um certo produto no mercado, ela já comercializa outros produtos. Assim, torna-se necessário integrar o projeto de distribuição, resultante da etapa 5, à estrutura de canais existente na empresa.

Observe que a gestão dos canais de distribuição precisa ser reavaliada regularmente, pois essa análise permite a melhoria contínua e garante o dinamismo do sistema de distribuição.

Na Figura 4.5 é apresentado o detalhamento de um roteiro para projetar e implementar um canal de distribuição, no qual constam as seguintes etapas (Coughlan et al., 2002):

1. **Segmentação**: dividir o mercado em grupos de clientes finais que são semelhantes.
2. **Posicionamento**: definir os atributos do produto/serviço, seu preço e o composto promocional para atender às demandas de seu segmento.
3. **Definição de alvos**: decidir quais segmentos devem ser almejados e quais não devem, a fim de manter o canal focado nos segmentos em que se planeja alcançar lucratividade.
4. **Estabelecimento de novos canais ou aperfeiçoamento dos existentes**: se não houver canal no mercado para o segmento, é necessário determinar um projeto que se identifica com as demandas do mercado-alvo. Contudo, se o mercado tem um canal preexistente, é preciso analisar as lacunas de oferta e de demanda. As lacunas de oferta significam que pelo menos um fluxo do canal é realizado a um custo muito alto, promovendo preços mais elevados do que o mercado-alvo pode pagar, o que leva à redução das vendas e da participação de mercado. Já as lacunas de demanda significam que pelo menos uma das demandas de produção não está sendo atendida de forma adequada pelo canal de distribuição.
5. **Implementação do canal**: identificar as fontes de poder e os conflitos do canal possibilita gerenciar os conflitos que são gerados quando as ações de um membro do canal impedem que os objetivos desse canal sejam atendidos. Considerando-se a interdependência dos membros, as ações de qualquer um deles têm influência no sucesso do esforço do canal, comprometendo o desempenho total deste.

Figura 4.5 Etapas para projetar e implementar um canal de distribuição

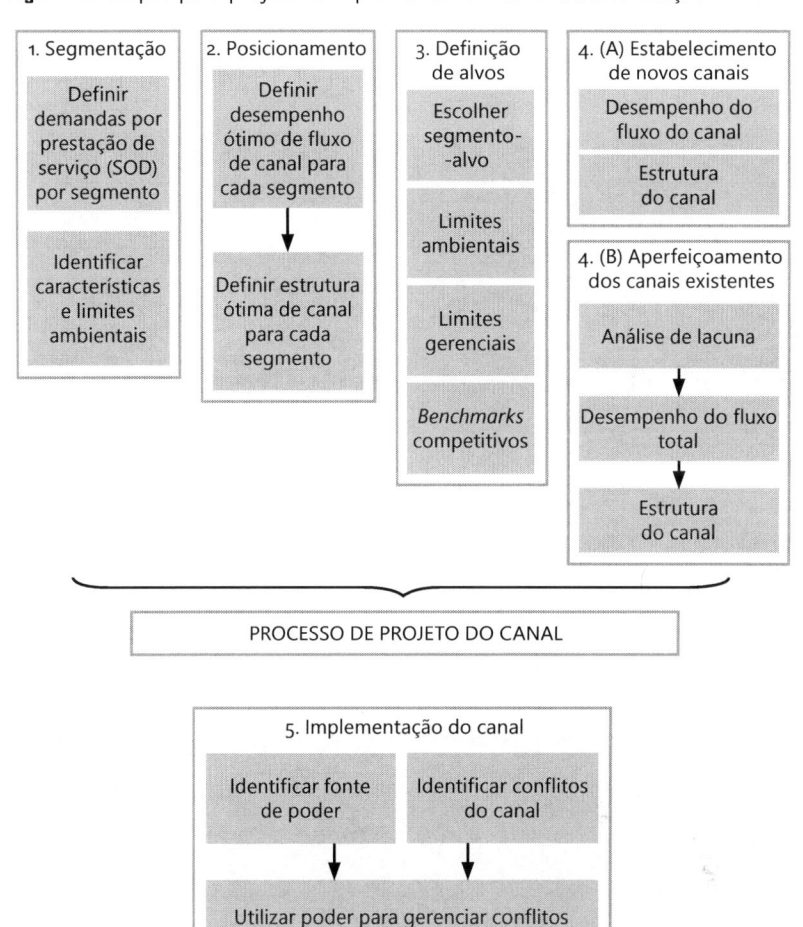

1. Segmentação
- Definir demandas por prestação de serviço (SOD) por segmento
- Identificar características e limites ambientais

2. Posicionamento
- Definir desempenho ótimo de fluxo de canal para cada segmento
  ↓
- Definir estrutura ótima de canal para cada segmento

3. Definição de alvos
- Escolher segmento-alvo
- Limites ambientais
- Limites gerenciais
- Benchmarks competitivos

4. (A) Estabelecimento de novos canais
- Desempenho do fluxo do canal
- Estrutura do canal

4. (B) Aperfeiçoamento dos canais existentes
- Análise de lacuna
  ↓
- Desempenho do fluxo total
  ↓
- Estrutura do canal

PROCESSO DE PROJETO DO CANAL

5. Implementação do canal
- Identificar fonte de poder
- Identificar conflitos do canal
  ↓
- Utilizar poder para gerenciar conflitos
  ↓
- Objetivo: coordenação do canal

PROCESSO DE IMPLEMENTAÇÃO DO CANAL

Fonte: Adaptado de Coughlan et al., 2002, p. 102.

No estudo de caso a seguir, são evidenciadas as etapas para projetar um canal de distribuição de gás. Esse caso destaca o uso de vários elementos, como indicadores, *benchmarking*, participação no mercado e clientes potenciais que devem ser considerados no projeto.

Estudo de caso

Projetando e implantando o canal de distribuição de gás GLP

A empresa X é uma distribuidora de gás que opera no Nordeste do Brasil. Em 2012, com a política de expansão da empresa, surgiu o interesse da diretoria em abrir uma filial em Fortaleza (CE). Para isso, a empresa precisava projetar e implantar o canal de distribuição. O primeiro passo para o desenvolvimento do canal de distribuição foi definir os possíveis clientes. Após uma pesquisa de mercado, observou-se que os clientes em potencial seriam empresas em geral e residências, principalmente condomínios residenciais. Em seguida, foi definido que o serviço-alvo seria entregar os produtos (vasilhames e a granel) para os clientes-alvos. Também foram levantadas todas as documentações necessárias para a operação da empresa na Região Metropolitana de Fortaleza.

Nessa análise, foi constatada uma concorrência bastante acirrada, pois uma outra empresa tem uma parte grande da fatia do mercado (*marketshare*) na região. Assim, foram estudados os canais de distribuição utilizados pelas empresas presentes no mercado e, na sequência, iniciou-se a definição da infraestrutura necessária para o bom funcionamento da organização. Com relação ao suprimento de gás, a empresa adquiriu um espaço próximo ao fornecedor e montou uma infraestrutura de recebimento via dutos. Em seguida, montou a linha de envase do gás usando tubulações, esteiras, carrossel e cabine de pintura.

A distribuição física foi dividida em duas formas: distribuição direta para as residências e distribuição para revendedores e depois para empresas. Além disso, foi definido que, para cada entrega, haveria uma equipe composta por três pessoas: o motorista e dois ajudantes responsáveis pelo descarregamento dos vasilhames cheios e pelo recolhimento dos vasilhames vazios nos clientes.

Na parte gerencial, para realizar uma programação adequada de entregas, foi instituído que os clientes devem fazer os pedidos de gás (pelo site ou e-mail) até às 15h para que recebam a entrega no dia posterior. Com isso, é possível ter tempo hábil para realizar a análise de crédito do cliente e programar as rotas que deverão ser utilizadas nas entregas. Para escolher a rota adequada, algumas variáveis foram consideradas, como a distância percorrida, a capacidade de carga do veículo e a distância para as revendas e as residências.

Dessa forma, foi definido que a estrutura do canal teria uma distribuição exclusiva. Isso quer dizer que a distribuição é limitada pelo número de intermediários – a venda é exclusiva por meio de revendedores com direito à distribuição dos produtos ou pela própria empresa, no caso residencial.

Após a finalização do projeto, o segundo passo foi a implementação do canal de distribuição com a inserção de um sistema para controle de movimentação de ativos, que permitiu controlar a entrada e saída dos vasilhames de gás no ponto de revenda e o granel nas residências.

Para coordenar o canal de distribuição, a empresa desenvolveu indicadores estratégicos, como o tempo de carregamento/descarregamento, o tempo de espera, o custo de entrega (R$/ton) e a distância percorrida para a realização das entregas.

4.5 Avaliação dos membros do canal de distribuição

Como um canal de distribuição geralmente é composto por diversos intermediários, a avaliação desses membros do canal é importante para verificar o desempenho obtido. Assim, quanto maior for a influência dos produtos do fabricante nos intermediários, maior será a abertura para avaliações contínuas.

De acordo com Rosenbloom (2002), para que a empresa obtenha êxito em longo prazo, é necessário fazer uma avaliação periódica dos membros do canal, o que pode ser uma atividade bastante complexa, em virtude de fatores como o tipo de produto distribuído e o número de membros do canal de distribuição. Por exemplo: produtos como eletrônicos precisam de precauções no transporte ao longo da distribuição para que não sejam danificados.

Para realizar a avaliação dos membros do canal de distribuição, diversas análises podem ser empregadas com base nos seguintes questionamentos:

- Como está o nível de estoque no canal?
- Quais foram as vendas por período no canal?
- Como está o prazo de entrega de produtos ao cliente final?
- Quais foram os principais conflitos entre os membros do canal?
- Como está o tratamento dado aos produtos danificados ao longo do canal?
- Como os membros do canal trabalham em relação à concorrência?

Portanto, com base na análise dos questionamentos listados, observamos que, para obter sucesso em seu canal de distribuição, uma empresa deve estabelecer critérios de seleção para seus parceiros/membros em potencial, selecionando aqueles que atendam ao perfil desejado (Coughlan et al., 2002).

Síntese

Como evidenciamos neste capítulo, o canal de distribuição é um componente fundamental do sistema de distribuição. Mostramos que os membros participantes do canal são subdivididos em dois grupos distintos: membros primários, que participam diretamente e assumem riscos pelo produto (como fabricantes e atacadistas); e membros secundários, que participam indiretamente, prestando serviços aos membros primários (como empresas de transporte e armazenagem).

Também esclarecemos como identificar e classificar um canal de distribuição com base em suas propriedades, suas funções e seus objetivos. Na sequência, apresentamos os tipos de canais de distribuição e as razões para conferir maior atenção a esse tema. Além disso, descrevemos um método para projetar e implementar um canal de distribuição dividido em cinco etapas: segmentação, posicionamento, definição de alvos, estabelecimento de novos canais e implementação do canal.

Também esclarecemos como identificar e classificar um canal de distribuição com base em suas propriedades, suas funções e seus objetivos. Na sequência, apresentamos os tipos de canais de distribuição e as razões para conferir maior atenção a esse tema. Além disso, descrevemos um método para projetar e implementar um canal de distribuição dividido em cinco etapas: segmentação, posicionamento, definição de alvos, estabelecimento de novos canais e implementação do canal.

Por último, mostramos a importância da realização constante de avaliação dos membros do canal de distribuição por meio de questionamentos relacionados ao nível de estoque no canal, às vendas por período, ao prazo de entrega ao cliente final, aos principais conflitos entre membros do canal, ao tratamento dos produtos danificados e ao modo como os membros do canal trabalham em relação à concorrência.

QUESTÕES PARA REVISÃO

1. (IFRN – 2012) Para que se tenha um processo de comercialização completo, são necessários canais de distribuição para que os produtos cheguem ao seu destino. Sobre canal de distribuição é correto afirmar que:
   a) serve como o caminho a ser percorrido pela empresa em busca de uma possibilidade de lucro ou prejuízo.
   b) é entendido como um grupo de entidades interessadas, que assume a propriedade de produtos ou viabiliza sua troca, durante o processo de comercialização, do fornecedor inicial até o comprador.
   c) mostra-se como uma maneira de distribuir o produto ou serviço em várias possibilidades de construção de cadeia.
   d) é definido como um sistema com relacionamentos esporádicos entre entidades que participam do processo de compra e venda de produtos e serviços.

2. O canal de distribuição se refere:
   a) ao fluxo devido à distribuição de material entre armazéns.
   b) à distribuição de matérias-primas aos pontos de armazenagem.
   c) ao fluxo entre pontos de processamento e pontos de consumo.
   d) à distribuição de matérias-primas aos pontos de processamento.
   e) Nenhuma das alternativas anteriores.

3. (UFC – 2015) Uma das principais atividades relacionadas à gestão logística é a distribuição física. A distribuição é composta pelos canais de distribuição.

   Os canais de distribuição podem ser classificados segundo a extensão (número de empresas intermediárias entre a produção até o consumidor final) e a amplitude (número de empresas que atuam em cada segmento intermediário da distribuição). De acordo com a classificação pode-se afirmar que:

   a) A distribuição do tipo seletiva é direcionada a produtos especiais, com apenas uma empresa revendedora atuando em mercado indicado.
   b) A amplitude pode ser dividida em exclusiva (amplitude múltipla, aberta), seletiva (amplitude múltipla, mas controlada) e intensiva (amplitude unitária).
   c) A distribuição do tipo intensiva é direcionada a produtos de consumo frequente, exigindo apenas um distribuidor atuando em cada região demarcada pelo fabricante.
   d) A amplitude pode ser dividida em exclusiva (amplitude unitária), seletiva (amplitude múltipla, mas controlada) e intensiva (amplitude múltipla, aberta).
   e) A extensão pode ser dividida em: canal nível zero ou canal direto composto por fabricante-varejo-consumidor; canal nível um composto por fabricante-atacado-varejo-consumidor e; canal nível dois composto por fabricante-distribuidor-atacado-varejo-consumidor.

4. Quais são os principais objetivos dos canais de distribuição?

5. Você foi contratado para implantar um novo canal de distribuição de uma empresa de eletrônicos que tem como produto principal computadores portáteis, localizada na Região Nordeste do Brasil. Descreva detalhes desse projeto com base nos conceitos abordados no capítulo.

Questões para reflexão

1. Conceitue *canal de distribuição*.
2. Explique as duas principais propriedades de um canal de distribuição.
3. Mostre exemplos de produtos para distribuição exclusiva, seletiva e intensiva.
4. Descreva os três tipos de canais de distribuição.
5. Descreva com detalhes cinco razões que justifiquem para conferir maior atenção à estruturação de um canal de distribuição.

Para saber mais

DE PORTA em porta. Direção: Steven Schachter. EUA, 2002. 91 min.

Esse filme ilustra as dificuldades e estratégias utilizadas por Bill Porter para colocar seus produtos de porta em porta. O fato de ele ser portador de deficiência cerebral e o surgimento do *call center*, nos Estados Unidos, não abalaram sua vontade de vencer. O filme tem base em uma história real e transmite uma importante mensagem.

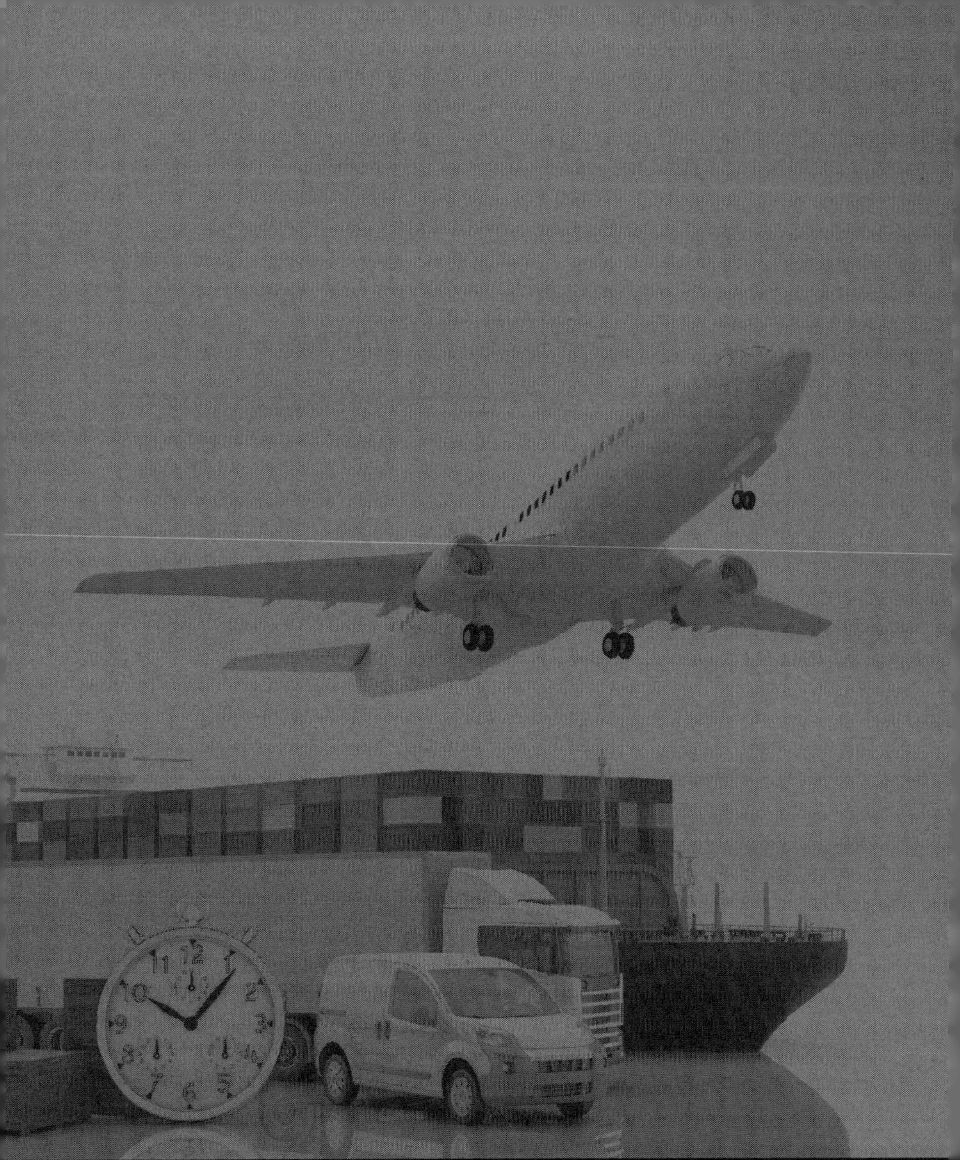

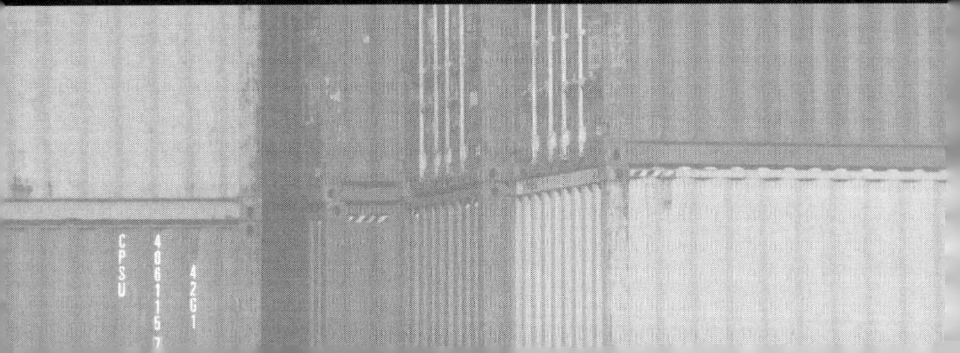

Transporte e roteirização de veículos na distribuição física

Conteúdos do capítulo:

- Conceitos de transporte na distribuição.
- Definição de *roteirização*.
- Detalhamento da roteirização com e sem restrições.
- Princípios da boa roteirização.
- Principais *softwares* da área de roteirização.

Após o estudo deste capítulo, você será capaz de:

- tomar decisões sobre o transporte na logística de distribuição;
- definir *roteirização*;
- realizar a roteirização em situações com e sem restrições;
- construir um roteiro com base nos princípios da boa roteirização;
- identificar um *software* de roteirização.

5.1 Transporte na logística de distribuição

O sucesso da logística de distribuição está relacionado à boa utilização do transporte, o qual consiste no movimento do produto de um local para outro e exerce papel crucial em função de os produtos raramente serem fabricados e consumidos num mesmo local (Chopra; Meindl, 2003).

Nesse contexto, Valente, Passaglia e Novaes (2008) explicam algumas variáveis que influenciam no transporte da logística de distribuição:

- **Capacidade física dos veículos de distribuição:** dependendo das características físicas da carga (peso/volume) e da capacidade do veículo, é possível haver superlotação do veículo em certas ocasiões. Exemplo: entregas em domicílio por meio de motocicletas têm uma capacidade limitada, gerando a necessidade de que várias entregas sejam realizadas.

- **Jornada máxima de trabalho dos tripulantes (motoristas, ajudantes):** depois de determinado número de horas de trabalho por dia, o desgaste físico e psíquico torna-se excessivo, prejudicando o nível de serviço. Exemplo: de acordo com a Lei n. 12.619, de 30 de abril de 2012 (Brasil, 2012), o motorista deve fazer uma parada de 30 minutos a cada 4 horas ininterruptas de direção.

- **Escolha do período em que as visitas se repetem**: deve-se levar em consideração que o cliente fica mais satisfeito quando as entregas são mais frequentes, mas que o custo do transporte para o distribuidor será mais elevado. Exemplo: entregas diárias de jornal impresso na residência de cada cliente.

> O sistema de gerenciamento de transporte – em inglês, *Transportation Management System* (TMS) – é uma solução para gestão do transporte que permite ao usuário visualizar e controlar toda a operação de transporte de forma integrada.

A análise de transportes tem por objetivo obter o melhor uso de veículos e atender às necessidades dos clientes. Bowersox e Closs (2001) indicam que alguns questionamentos podem ajudar nessa tarefa:

- Como as entregas devem ser agrupadas para formar as rotas?
- Qual é a melhor sequência de entrega a clientes?
- Como as restrições de tempo de entrega serão impostas pelos clientes?
- Como é realizada a escolha do transporte?

Com isso em mente, vejamos quatro decisões de transporte que Ballou (2006) descreve como sendo as principais:

1. **Seleção do modal**: considerando-se os cinco tipos de modais de transporte – rodoviário, ferroviário, aéreo, aquaviário e dutoviário –, as principais variáveis na escolha do serviço de transporte são: tarifas dos fretes; confiabilidade; tempo em trânsito; perdas e danos; processamento das respectivas reclamações e rastreabilidade; considerações de mercado do embarcador; considerações relativas aos transportadores; disponibilidade; e pontualidade.

   No Quadro 5.1, é apresentada uma comparação realizada entre algumas características operacionais dos modais. A pontuação vai de 1 a 5, sendo 1 a melhor pontuação e 5, a pior. Observe que o modal aéreo tem maior desempenho comparativo na velocidade e menor desempenho em custo.

Quadro 5.1 Características operacionais comparativas para os modais de transporte

Características Operacionais	Ferroviário	Rodoviário	Aquaviário	Dutoviário	Aéreo
Velocidade	3	2	4	5	1
Disponibilidade	2	1	4	5	3
Confiabilidade	3	2	4	1	5
Capacidade	2	3	1	5	4
Frequência	4	2	5	1	3

Fonte: Adaptado de Nazário, 2000, p. 130.

Além da possibilidade de realizar o transporte por meio de um único modal, é possível optar pela **intermodalidade**, que consiste na realização do transporte por meio de vários modais, utilizando-se as melhores características de cada modal, de forma a reduzir e, quando possível, eliminar as resistências ao fluxo contínuo de cargas desde a origem até o destino.

A intermodalidade pressupõe a utilização das melhores características de cada modal de transporte e das interfaces (pontos de transbordo, terminais e pontos de controle) entre os modais que têm influência decisiva sobre a eficiência e a eficácia do processo e que devem ser tão eficientes quanto os modais de transporte aos quais atendem. Alguns exemplos de intermodais são:

- **Container on flatcar (Cofc)**: consiste na colocação de um contêiner sobre um vagão ferroviário; existe a possibilidade de posicionar dois contêineres sobre um vagão (*doublesatck*). É muito usado nos Estados Unidos e na Europa, mas no Brasil há restrições, principalmente por conta da altura dos túneis.

- **Trailer on flatcar (Tofc)**: conhecido como *piggyback*, consiste na colocação de uma carreta (semirreboque) sobre um vagão plataforma; seu principal benefício é a redução do custo e do tempo no transbordo entre modais, com a isenção de investimentos em equipamentos de movimentação.

- **Carless**: conhecido como *truck ferroviário*, consiste na adaptação de uma carreta que é acoplada a um vagão ferroviário igualmente adaptado, criando-se composições mistas, com vagões convencionais e *trucks* ferroviários; no Brasil, há o desenvolvimento do rodotrilho.

2. **Consolidação dos fretes:** no transporte, as taxas reduzidas para tamanhos maiores de embarque incentivam embarques em grandes quantidades; consolidar embarques pequenos em grandes é uma maneira preliminar de conseguir um transporte com custo mais baixo por unidade de peso. A consolidação de embarques ocorre geralmente das seguintes formas:

- **consolidação de estoque:** possibilita a inclusão de embarques de volume maior (carga completa);
- **consolidação de veículo:** o agrupamento da coleta e a entrega são realizadas com o mesmo veículo para maior eficiência no transporte;
- **consolidação do armazém:** propicia a viabilização do transporte de grandes volumes por longas distâncias e do transporte de cargas de pequeno porte por curtas distâncias;
- **consolidação temporal:** pedidos de clientes são retidos até que uma remessa única se torne viável, não havendo a necessidade de realizar vários despachos de pequeno porte.

3. **Roteirização dos embarques:** relaciona-se com a determinação do roteiro do transporte na logística de distribuição.
4. **Programação dos veículos:** é realizada após a elaboração do roteiro com a inserção de restrições de acordo com a realidade do sistema de distribuição.

Exemplo: decisão do modal transporte para exportação da soja em grão brasileira.

O escoamento da produção de grãos de soja cultivada nas Regiões Centro-Oeste e Sul do Brasil para exportação para países da Europa é realizado da seguinte forma: os produtores plantam a soja em grão nas fazendas, colhem, armazenam e, em seguida, contratam um o transporte para levar a soja aos portos de Santos, Paranaguá e Rio Grande. Esse transporte pode ser realizado por ferrovias, rodovias ou hidrovias (em algumas situações é utilizado mais de um modal). A soja em grão costuma ser transportada a granel, embora haja ocasiões em que é ensacada antes do transporte. Os produtores analisam as características operacionais dos três modais de transporte, assim como o mercado no momento do embarque. No Brasil, em alguns casos, a distância percorrida até os portos é maior do que 1 mil km e o custo para transportar chega, aproximadamente, a 50% do valor negociado.

Fonte: Elaborado com base em Pontes; Carmo; Porto, 2009.

5.2 Roteirização de veículos

O termo *roteirização* é a equivalência em língua portuguesa do termo *routing*, em inglês, utilizado para "designar o processo para a determinação de um ou mais roteiros ou sequências de paradas a serem cumpridos por veículos de uma frota, objetivando visitar um conjunto de pontos geograficamente dispersos, em locais predeterminados, que necessitam de atendimento" (Cunha, 1997, p. 52).

Assim, as análises de transporte focam a roteirização para aperfeiçoar a utilização dos veículos e dos motoristas, com vistas a atender melhor às exigências dos serviços dos clientes e manter os custos operacionais e de capitais o mais baixos possível. Contudo, a forma de reduzir os custos das rotas, na maioria das vezes, apresenta problemas que vão desde a origem da entrega até o destino final (Bowersox; Closs, 2001).

De acordo com Novaes (2007, p. 303), um problema de roteirização pode ser definido por três fatores fundamentais:

1. **Decisões**: dizem respeito à alocação de um grupo de clientes, que devem ser visitados, a um conjunto de veículos e respectivos motoristas, envolvendo também a programação e o sequenciamento das visitas.
2. **Objetivos**: o processo de roteirização visa propiciar um serviço de alto nível aos clientes, mantendo, contudo, os custos operacionais e de capital o mais baixo possível.

3. **Restrições:** as rotas têm de ser completadas com os recursos disponíveis, mas cumprindo totalmente os compromissos assumidos com os clientes; devem ser respeitados os limites de tempo impostos pela jornada de trabalho dos motoristas e dos ajudantes; finalmente, devem ser respeitadas as restrições de trânsito no que se refere a velocidades máximas, horários de carga e descarga e tamanho máximo dos veículos nas vias públicas.

> "O Problema de Roteirização de Veículo (PRV), ou *Vehicle Routing Problem* (VRP), pode ser descrito como o problema do planejamento otimizado de entregas ou rotas de coleta de um ou vários armazéns para uma série de cidades ou clientes, geograficamente dispersos, sujeitos a restrições adicionais" (Laporte, 1992, p. 345, tradução nossa).

As características básicas de um problema de roteirização são as seguintes (Valente; Passaglia; Novaes, 2008):

- Uma região geográfica é dividida em zonas.
- Um veículo é alocado para cada zona.
- Um roteiro é designado para cada veículo.
- O serviço deve ser realizado dentro de um tempo de ciclo predeterminado.
- Os veículos são despachados de um armazém central ou centro de distribuição.

> São atividades que utilizam a roteirização:
>
> - entrega em domicílio de produtos comprados em lojas pela internet;
> - coleta de lixo urbano;
> - distribuição de dinheiro para caixas eletrônicos de bancos;
> - entrega domiciliar de correspondências;
> - transporte de alunos para uma ou mais escolas;
> - transporte de colaboradores até o local de trabalho.

Embora haja muitas variações de problemas de roteirização, podemos reduzi-los a alguns exemplos básicos (Ballou, 2006, p. 191):

- o problema de encontrar uma rota ao longo de uma rede em que o ponto de origem seja diferente do ponto de destino;
- o mesmo problema quando existem múltiplos pontos de origem e de destino;
- o problema da roteirização quando os pontos de origem e de destino são os mesmos.

O problema de roteirização de um veículo ao longo de uma rede de caminhos tem sido resolvido por métodos específicos. O mais simples e mais direto é o **método do caminho mais curto**. Essa abordagem pode ser exemplificada da seguinte forma:

> uma rede representada por ligações e nós, sendo os nós os pontos de conexão entre as ligações. Há os custos (distâncias, tempos, ou uma combinação desses dois formada como uma média ponderada entre tempo e distância) a serem percorridos entre os nós. Inicialmente, todos os nós são considerados não resolvidos, ou seja, não estão ainda numa rota definida. Um nó resolvido é aquele que está na rota. (Ballou, 2006, p. 192)

Quando há múltiplos pontos de origem que podem servir a múltiplos pontos de destino, há o problema de atribuir destinos às fontes, assim como o de encontrar as melhores rotas entre eles. Isso ocorre geralmente quando há mais de um fornecedor, planta ou armazém para servir a mais de um cliente para o mesmo produto. O problema é mais complicado quando os pontos de suprimento são limitados pela quantidade da demanda total do cliente que pode ser fornecida a cada localização. Esse problema é frequentemente resolvido por meio da aplicação de uma classe especial do algoritmo de programação linear, conhecido como *método do transporte* (Ballou, 2006, p. 195).

O problema quando os pontos de origem e de destino são os mesmos é uma extensão do problema de pontos diferentes, mas a exigência de que o roteiro não esteja completo até que os veículos retornem ao seu ponto de partida o torna mais complexo. O objetivo é encontrar a sequência na qual os pontos devem ser visitados e que minimizarão o tempo ou a distância total do percurso – isso é geralmente conhecido como **problema do caixeiro-viajante (PCV)**. Vários métodos foram propostos para resolvê-lo; encontrar a rota ótima para um problema particular não é fácil para situações que contêm muitos pontos (Ballou, 2006, p. 196).

A pesquisa operacional (PO), área que usa modelos matemáticos, estatísticos e algoritmos para ajudar na tomada de decisão, é utilizada em métodos de roteirização para auxiliar na busca da solução ótima.

Estudo de caso

Roteirização eficiente em uma empresa de aço

Uma empresa de grande porte oferece soluções em aço por meio de centros de serviço. Apostando no resultado de uma logística de distribuição eficiente, coloca à disposição de seus clientes, em todo o Brasil, uma equipe comercial por meio da qual pode atender de maneira ágil e eficiente e com preços competitivos. A expedição diária dessa empresa é, em média, de 100 veículos. Para aumentar a eficiência nas entregas de mercadorias, as seguintes estratégias são utilizadas:

1. definir os roteiros em função de prazo e localização, plotando (no mapa) o endereço de entrega, minimizando erros e promovendo agilidade na entrega;
2. acondicionar as cargas (ferro, chapa, cantoneiras, tubos) de forma a evitar avarias e facilitar a ordem do descarregamento nos pontos de entrega;
3. otimizar e consolidar as cargas por meio:
   - da definição do veículo adequado com menor custo de transporte por rota;
   - do arranjo tridimensional da carga no veículo, de acordo com a rota de entregas;
   - da paletização de produtos, quando necessário;
   - do respeito às restrições de empilhamento e manuseio de produtos;
   - do respeito a restrições comerciais de clientes e regiões de acesso por veículos, valores e outros critérios.

Os problemas de roteirização são divididos entre os que têm e os que não têm restrições. O primeiro caso, problemas sem restrições, ocorre quando "a separação dos clientes por roteiros já foi realizada previamente, e as restrições de tempo e capacidade estão resolvidas" (Novaes, 2007, p. 304). Desse modo, o problema que resta a ser resolvido é o de encontrar a sequência de visitas que torne mínimo o percurso dentro de uma zona de pontos a serem atendidos.

O segundo caso, problemas com restrições, está condicionado ao limite de tempo ou de capacidade do veículo, caso em que, muitas vezes, é preciso roteirizá-los sem que haja uma prévia divisão da região (Novaes, 2007).

5.2.1 Roteirização sem restrições

Numerosos métodos foram propostos para resolver a roteirização sem restrições. Encontrar a rota ótima para um problema particular não tem sido fácil para aqueles casos que contêm muitos pontos, já que esse problema exige um tempo computacional longo demais. Os procedimentos heurísticos de solução têm sido boas alternativas (Ballou, 2006).

Apesar de proporcionar bons resultados, a roteirização sem restrição não gera uma solução ótima para a maioria dos problemas reais do cotidiano, pois não considera, por exemplo, barreiras nos trajetos de distribuição. Por outro lado, fornece bons roteiros em pouco tempo.

Há vários métodos heurísticos para resolver um problema de roteirização sem restrições. De forma geral, esses métodos podem ser agrupados nas categorias de **construção do roteiro** e de **melhoria do roteiro** (Novaes, 2007, p. 305).

5.2.1.1 Métodos de construção do roteiro

Os métodos de construção do roteiro partem de um ou dois pontos e vão formando o roteiro por meio do acréscimo paulatino de pontos adicionais. A sistemática mais simples é ligar cada ponto ao seu vizinho mais próximo. Assim, elege-se um dos pontos como inicial e procura-se, entre os demais pontos, aquele que está mais perto do primeiro. Na sequência, toma-se o máximo ponto e repete-se o mesmo procedimento, tomando-se o cuidado de excluir todos aqueles que já fazem parte do roteiro. Esse método pode não ser o mais eficaz, mas é rápido e gera uma solução possível de ser adotada como configuração inicial para a aplicação dos métodos de melhoria (Novaes, 2007, p. 305).

> O método mais conhecido de construção de roteiro é o **método do vizinho mais próximo**, que consiste em definir um ponto inicial para traçar um roteiro e, depois, procurar o vizinho mais próximo e traçar uma reta até ele. Esse procedimento é repetido até que todos os pontos sejam inseridos no roteiro. Após a definição de todo o roteiro, é possível aplicar métodos de melhoria, eliminando-se alguns cruzamentos.

5.2.1.2 Métodos de melhoria do roteiro

Os métodos de melhoria do roteiro partem da solução obtida com o uso de outro método de construção e possibilitam o aperfeiçoamento do resultado assim obtido; para isso, utiliza-se uma sistemática predefinida. Os dois métodos de melhoria mais utilizados são o 2-opt e o 3-opt (Novaes, 2007, p. 307).

O **método 2-opt** começa com uma viagem e é desmembrado em duas localidades. Isso faz com que a viagem seja dividida em dois caminhos, que podem ser reconectados de duas maneiras possíveis. Assim, as distâncias para cada reconexão são calculadas e a mais curta das duas define a nova rota. Esse procedimento é repetido na nova rota até que não sejam necessárias mais melhorias (Chopra; Meindl, 2003).

O método 2-opt segue a seguintes etapas (Novaes, 2007, p. 308):

1. Deve-se iniciar com um roteiro qualquer, de preferência que tenha sido gerado com o auxílio do método de construção.
2. Depois, é preciso remover dois arcos do roteiro e reconectar os nós que formam esses dois arcos, alterando-se as ligações de acordo com o que é mostrado na Figura 5.1. Se essa nova ligação produzir um resultado melhor, deve-se substituir o roteiro inicial pelo novo roteiro. Caso contrário, deve-se continuar com o roteiro anterior e tentar outros dois arcos, repetindo-se a etapa, e assim sucessivamente.
3. O processo termina quando não se conseguir mais nenhuma melhoria ao fazer todas as trocas de ligações.

Figura 5.1 Dois pares de nós (I-J e K-L) rearranjados no método 2-opt

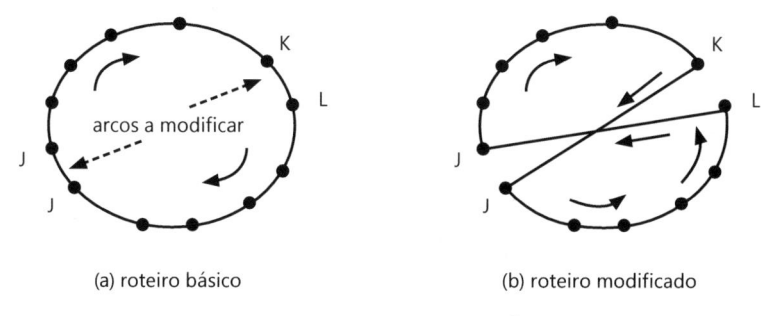

(a) roteiro básico   (b) roteiro modificado

Fonte: Adaptado de Novaes, 2007, p. 308.

O **método 3-opt** é conceitualmente semelhante ao 2-opt, com a diferença de que as alterações são realizadas tomando-se três pares de arcos de cada vez. Outra diferença é que são possíveis sete alterações diferentes para cada configuração básica, conforme é ilustrado na Figura 5.2. Embora mais complexo do que o método 2-opt, o 3-opt fornece resultados mais precisos (Novaes, 2007, p. 309).

Figura 5.2 Possíveis recombinações dos nós no método *3-opt*

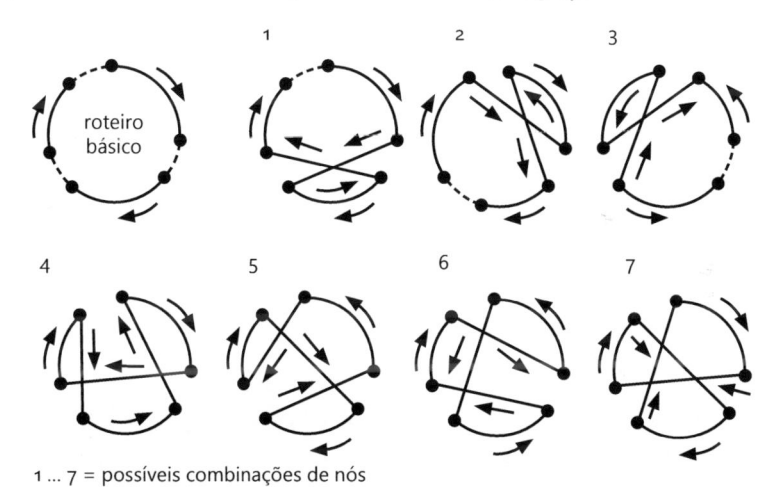

1 ... 7 = possíveis combinações de nós

Fonte: Adaptado de Novaes, 2007, p. 309.

Na Figura 5.2, podemos ver sete possíveis combinações entre os seis pontos do roteiro. Para obter a melhor combinação, deve-se remover dois arcos do roteiro, como mostrado em cada passagem da ilustração, e reconectar os nós que formam esses dois arcos, alterando-se as ligações. Se essa nova ligação produzir um resultado melhor, é possível substituir o roteiro inicial pelo novo roteiro. Caso contrário, deve-se continuar com o roteiro anterior e tentar outros dois arcos, repetindo-se a etapa, e assim sucessivamente. Quando se obtiver a melhor combinação, o método estará concluído.

> Os métodos de construção e de melhoria de roteiros são utilizados para resolver o problema do caixeiro-viajante (PCV). Um exemplo de aplicação é a distribuição de água em garrafões de 20 L em zona urbana. A capacidade dos veículos de distribuição é definida previamente e, com base nisso, são construídas as rotas que os veículos realizarão diariamente. O objetivo é encontrar a sequência de visitas aos clientes, obtendo-se o menor percurso possível.

5.2.2 Roteirização com restrições

A elaboração de boas soluções para os problemas de roteirização de veículos é cada vez mais difícil em razão do crescente número de restrições. A seguir, apresentamos alguns exemplos de restrição (Ballou, 2006):

- janelas de tempo;
- caminhões múltiplos com diferentes capacidades de peso e cubagem;
- tempo máximo de permanência ao volante em cada roteiro;
- velocidades máximas diferentes em diferentes zonas;
- barreiras de tráfegos (lagos, desvios, montanhas);
- intervalos para o motorista.

> **Exemplo**: em virtude da grande quantidade de pontos de coleta, as rotas de coleta de lixo urbano realizadas diariamente nas cidades brasileiras são construídas considerando-se diversas variáveis: tráfego em cada região, vias interditadas, velocidades por zona, tamanho do veículo permitido em cada região, entre outras.

Com relação às inúmeras abordagens para enfrentar problemas dessa complexidade, dois métodos são muito utilizados (Ballou, 2006): o **método da varredura** e o método **Clarke-Wright**, ou método das economias.

5.2.2.1 MÉTODO DA VARREDURA

Também conhecido como *sweep algorithm*, o método da varredura é considerado heurístico e busca a solução para os problemas em duas etapas distintas: na primeira, os pontos de demanda são agrupados de acordo com algum critério de proximidade; na segunda, cada grupo é solucionado independentemente (Novaes, 2007, p. 310).

A varredura para a roteirização de veículos é simples o bastante para prestar-se ao manuseio dos cálculos, mesmo para problemas de grande extensão. Assim, um *software* pode resolver rapidamente um problema sem exigir para isso grande quantidade de memória. Para uma variedade dos problemas, a acurácia é projetada para produzir um erro médio de 10%. Esse índice de erro computacional é aceitável quando é necessário obter resultados a curto prazo, caso em que boas soluções são aceitas em lugar de ótimas (Ballou, 2006, p. 203).

A desvantagem desse método tem relação com a maneira como as rotas são formadas. O processo tem dois estágios, com as paradas sendo atribuídas primeiramente aos veículos. Então, é determinada a sequência de paradas nas rotas. Por causa desse processo em dois estágios, as questões de tempo, como o tempo total de uma rota e janelas de tempo, não são bem manipuladas (Ballou, 2006, p. 204).

Com base em Ballou (2006, p. 204), vamos agora descrever o procedimento do método da varredura:

1. Inicialmente, localizar todas as paradas, incluindo os depósitos, em um mapa ou em uma grade.
2. Depois, deve-se estender uma linha reta, que tenha o depósito como ponto de partida, em qualquer direção e girar a linha no sentido horário, ou no sentido anti-horário, até que ela cruze com uma parada. Deve-se então perguntar: Se a parada introduzida for incluída na rota, a capacidade do veículo será excedida? Se não, prossegue-se com a rotação da linha até que a parada seguinte seja cruzada. É preciso perguntar também se o volume cumulativo excederá a capacidade do veículo. Deve-se usar os

veículos maiores primeiro. Se a resposta for "sim", exclui-se o último ponto e define-se a rota. Continuando a varredura da linha, deve-se começar uma nova rota com o último ponto que foi excluído da rota precedente e prosseguir com a varredura até que todos os pontos estejam atribuídos às rotas.

3. Em cada rota, é necessário arranjar, em sequência, as paradas para minimizar a distância – essa tarefa pode ser realizada por meio do método da gota d'água (descrito logo adiante) ou de qualquer algoritmo que resolva o problema do caixeiro-viajante (PCV).

Figura 5.3 Método da varredura

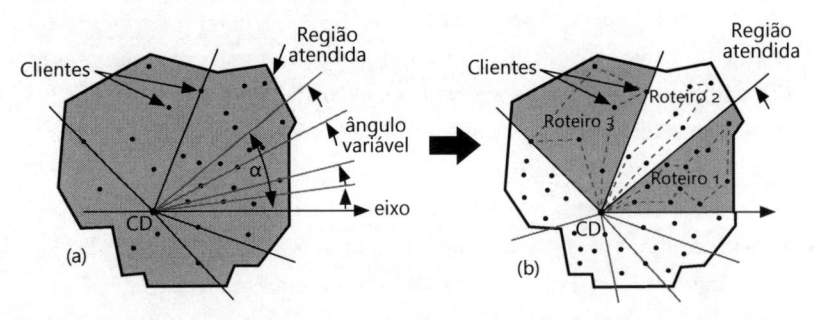

Fonte: Adaptado de Novaes, 2007, p. 311.

Exemplo: aplicação do método de varredura

Uma empresa de transporte usa camionetas para coletar mercadorias de clientes distantes. Essas mercadorias são então levadas ao depósito e ali consolidadas em carregamentos de grande volume para serem transportadas por longas distâncias – as coletas de um dia típico foram representadas na Figura 5.4 e a solução, na Figura 5.5. As quantidades coletadas são apresentadas em unidades, e a empresa usa camionetas com capacidade para transportar até 10 mil unidades. Completar um roteiro leva o dia inteiro. A empresa pretende determinar quantas camionetas são necessárias, quais paradas precisam efetuar e em que sequência a camioneta do roteiro deve servir aos pontos de parada (Ballou, 2006).

Figura 5.4 Exemplo de aplicação do método de *varredura*

Figura 5.5 Solução da aplicação do método de *varredura*

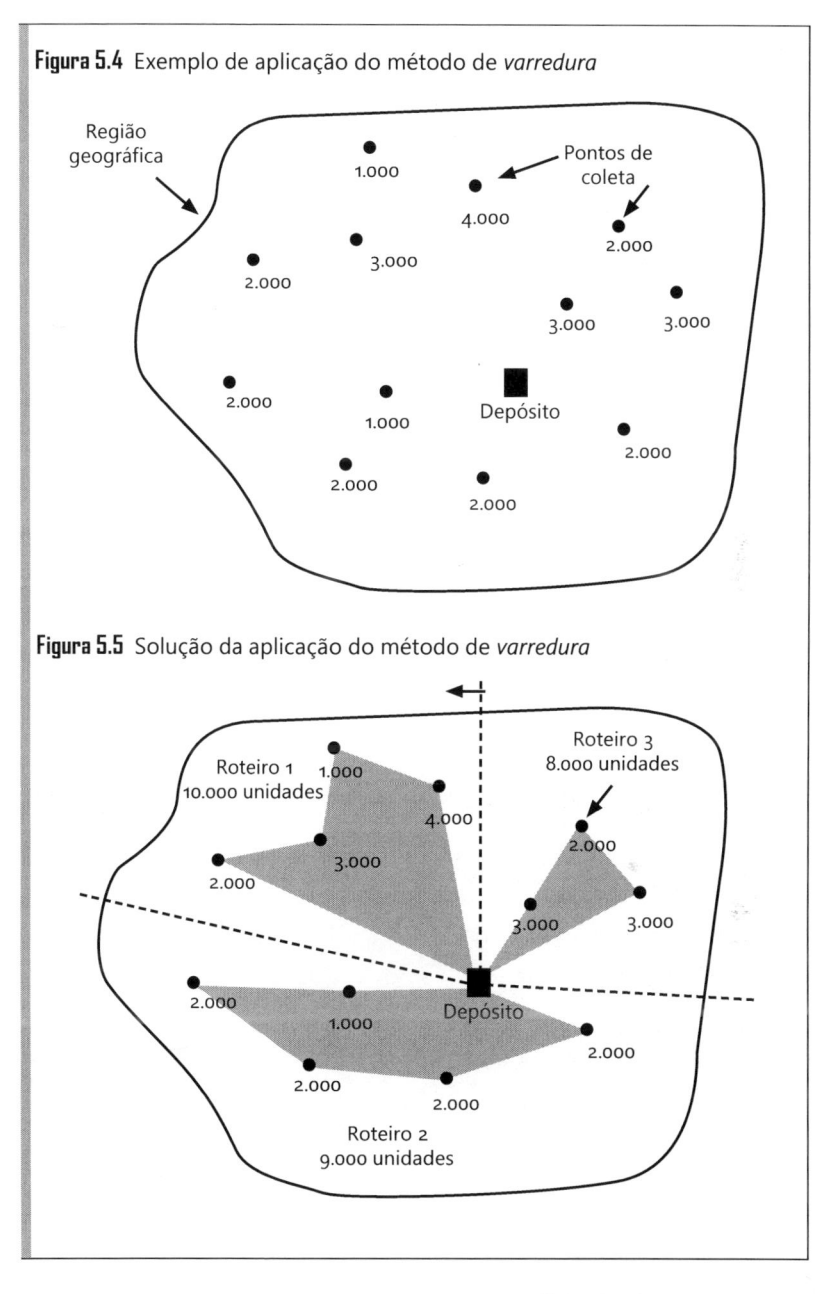

Fonte: Adaptado de Ballou, 2006, p. 204.

5.2.2.2 Método Clarke-Wright (CW)

O método Clarke-Wright (CW) é também conhecido como método das economias. As comparações com resultados ótimos para problemas pequenos com um número limitado de restrições têm mostrado que esse método difere em apenas 2% do ótimo. "O objetivo do método economias é minimizar a distância total percorrida por todos os veículos e indiretamente minimizar o número de veículos necessários para servir a todas as paradas" (Ballou, 2006, p. 205). O método fundamenta-se no conceito de ganhos obtidos ao pela inserção de um novo ponto de entrega a uma rota existente.

> O método CW é muito utilizado na resolução de diversos problemas isolados e é também empregado por muitos *softwares*, por exemplo, o TransCAD.

Assim Ballou (2006) descreve o procedimento do método CW:

1. Todos os pontos que representam os clientes são combinados dois a dois; na sequência, o ganho (L − L') para cada combinação é calculado, conforme ilustrado na Figura 5.6.

Figura 5.6 Redução da distância percorrida mediante a consolidação das paradas em uma rota

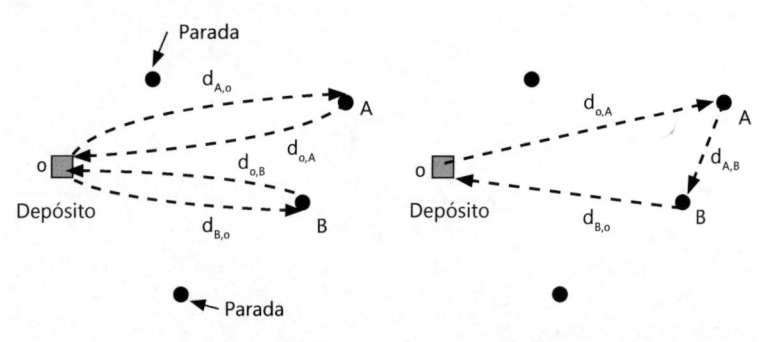

(a) Roteiro inicial = distância do roteiro
= $d_{o,A} + d_{A,o} + d_{o,B} + d_{B,o}$

(b) Combinando duas paradas num roteiro
Distância da rota = $d_{o,A} + d_{A,B} + d_{B,o}$

Fonte: Adaptado de Ballou, 2006, p. 205.

2. Ordenam-se todas as combinações i, j, de forma decrescente segundo os ganhos $g_{i'} j$.

3. Começa-se com a combinação dos dois nós que apresentaram o maior ganho e continua-se analisando outras situações, obedecendo à sequência decrescente de ganhos.

4. Para um par de pontos tirado da sequência de combinações, verifica-se se os pontos já fazem parte do roteiro iniciado:

   a) se i e j não foram incluídos em nenhum dos roteiros já iniciados, deve-se então criar um novo roteiro com esses pontos;

   b) se i já pertencer ao roteiro, é preciso verificar se esse é o primeiro e/ou último ponto do roteiro. Se sim, deve-se acrescentar o par de pontos (i, j) na extremidade apropriada e fazer a mesma análise com o ponto j;

   c) se ambos os pontos fazem parte de roteiros iniciados, mas diferentes, é preciso verificar se ambos são extremos dos respectivos roteiros. Se forem, deve-se fundir os dois roteiros;

   d) se os nós pertencerem a um mesmo roteiro, deve-se passar à etapa 5.

5. Verifica-se, sempre que um ponto é adicionado ou que roteiros são fundidos, se as restrições foram respeitadas.

6. Encerra-se o processo quando todos os pontos forem incluídos em um roteiro.

Na aplicação desse método, o ganho tende a crescer quando os pontos i e/ou j se afastam do centro de distribuição (CD) e também quando os pontos i e j estão mais próximos (Novaes, 2007, p. 315). Veja no estudo de caso a seguir um exemplo de ganhos realizados com a aplicação desse método.

Estudo de caso

Empresa atacadista do setor hortifruti

Uma empresa atacadista de pequeno porte, localizada no interior de São Paulo, utilizou o método das economias com o objetivo de diminuir a distância percorrida em quilômetros pelos caminhões utilizados para a distribuição física de frutas, legumes e verduras. Essa empresa possui uma frota própria de quatro veículos para distribuição dos produtos e um depósito próprio. Conta com 30 clientes varejistas e que demandam 200 tipos de produtos diferentes.

Antes de utilizar o método das economias, a distribuição física era realizada da seguinte forma: o caminhão era carregado e o motorista saía para as entregas sem ter um cronograma definido, ou seja, era o motorista quem decidia a ordem em que seriam feitas as entregas; não se observava a distância percorrida e, com frequência, havia o cruzamento de trajetos e atrasos nas entregas. Para a aplicação do método CW, foram levantadas todas as localizações dos clientes e as respectivas distâncias entre si. Em seguida, foram combinados todos os pontos que representam os clientes, dois a dois, e calculado o ganho. Depois, foram ordenadas todas as combinações de clientes, de forma decrescente, segundo os ganhos.

Como resultado da aplicação do método, houve uma redução diária da distância percorrida pelos quatro caminhões, de 66,3 km para 57,7 km, ou seja, 8,6 km por dia – uma redução de aproximadamente 13% na distância percorrida diariamente.

5.3 Princípios da roteirização e programação de veículos (RPV)

De acordo com Ballou (2006), os princípios a serem observados para realizar uma adequada roteirização e programação de veículos (RPV) são os seguintes:

- **Carregar caminhões com paradas próximas entre si**: as rotas devem ser formadas em torno dos conjuntos de paradas que estão mais próximas entre si, a fim de minimizar o tempo total do trajeto da rota.

- **Combinar visitas que acontecem em dias diferentes a fim de produzir agrupamentos concentrados**: as visitas que acontecerem em dias diferentes da semana devem ser segmentadas em roteirização separada para cada dia. Os segmentos diários programados devem evitar sobreposições de conjunto de paradas, o que ajuda a minimizar o número de caminhões necessários para servir a todas as paradas, assim como para minimizar o tempo e a distância de viagem do caminhão durante a semana.

- **Começar a construção de rotas pela visita que for mais distante do armazém**: as rotas eficientes podem ser desenvolvidas por meio da construção de um conjunto de paradas com início pela parada mais distante do armazém, a partir da qual se faz a volta para o armazém. Uma vez que a parada mais distante for identificada, a capacidade atribuída ao caminhão deve ser preenchida pela seleção do conjunto mais denso de paradas em torno da primeira parada. Depois que os volumes das paradas forem atribuídos ao veículo, deve-se selecionar outro veículo e identificar a parada mais distante do armazém entre as paradas restantes que ainda não tiverem sido atribuídas.

- **Formar um padrão de gota d'água na sequência das paradas na rota**: as paradas devem ser arranjadas de modo que nenhum trajeto da rota se cruze e que a rota pareça ter uma forma de gota d'água, como ilustrado na Figura 5.7.

Figura 5.7 Exemplo de bom e mau roteiro

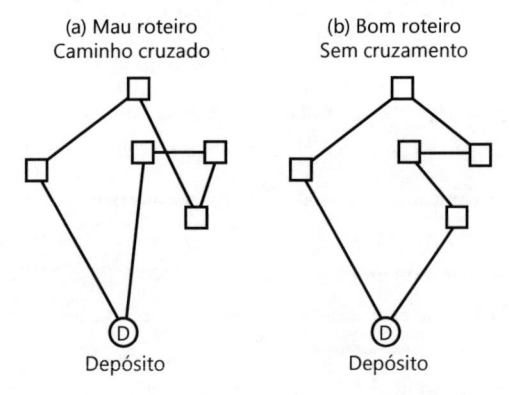

(a) Mau roteiro
Caminho cruzado

(b) Bom roteiro
Sem cruzamento

Depósito

Depósito

Fonte: Adaptado de Ballou, 2006, p. 197.

- **Construir as rotas usando-se os maiores veículos disponíveis:** idealmente, deve-se usar um veículo grande o bastante para cumprir todas as visitas em uma rota, a fim de minimizar a distância ou o tempo total percorrido para servir as paradas. Consequentemente, os veículos maiores entre os diversos tamanhos de uma frota devem ser alocados primeiro, fornecendo-se uma boa utilização para eles.

- **Realizar as coletas durante as rotas de entrega em vez de deixá-las para o final das rotas:** as coletas devem ser feitas, tanto quanto possível, durante as entregas, para minimizar a quantidade de cruzamentos de trajeto que podem ocorrer se tais paradas forem servidas depois que todas as entregas foram feitas. A extensão com que isso pode ser feito dependerá da configuração do veículo, do tamanho dos volumes de coleta e do quanto eles podem obstruir o acesso aos volumes de entrega dentro do veículo.

- **Identificar se paradas que são removíveis do agrupamento de rotas são boas candidatas para um meio alternativo de entrega:** paradas isoladas dos conjuntos de parada, em especial aquelas com volume baixo, são servidas com grande tempo de condução e despesas do veículo. O uso de caminhões pequenos para manusear tais paradas pode ser mais econômico, dependendo do isolamento de paradas e dos volumes de entrega.

- **Evitar as limitações das janelas de tempo estreitas:** as restrições da janela de tempo nas paradas, quando estreitas, podem forçar a sequência de parada longe dos padrões ideais.

Logística e distribuição física

5.4 SOFTWARE DE ROTEIRIZAÇÃO

Assad (1988) indica um conjunto de elementos que caracterizam problemas de roteirização e que podem servir para definir os atributos e os requisitos a serem observados em um *software*:

- **natureza e características dos atendimentos**: somente coletas ou entregas; coletas de retorno (*"backhauls"*); um único produto ou múltiplos produtos; atendimento parcial ou total da demanda; conhecimento das demanda a priori; existência de incertezas na demanda; necessidade de programação de visitas periódicas com frequências definidas; prioridade de atendimentos;
- **frota de veículos**: homogênea ou heterogênea; restrições de capacidade (peso ou volume); restrições de carregamento/equipamento; vínculo entre o tipo de veículo e o local da base; compatibilidade entre o tipo de veículo e o tipo de produto a ser transportado; frota fixa ou variável; frota localizada em uma única base ou em múltiplas bases;
- **requisitos de pessoal**: duração da jornada normal de trabalho; opção e número de horas extras; número fixo ou variável de motoristas; horários e locais de início e término das jornadas de trabalho do pessoal; parada para almoço com hora marcada e outros tipos de parada (para descanso, por exemplo); possibilidade de viagens com duração superior a um dia;
- **requisitos de programação**: atendimento de clientes em um dado dia da semana; janelas de tempo para coleta e entrega (rígidas ou flexíveis); tempos de carga e descarga; horários de abertura/fechamento;
- **requisitos de informações**: disponibilidade de dados geográficos e redes viárias; recursos de localização de endereços dos clientes; tempos de viagem; localização dos veículos; informações sobre crédito dos clientes. (Assad, 1988, citado por Cunha, 2000, p. 60, grifo nosso)

Para adquirir um *software* de roteirização, é preciso investir valores significativos tanto para a aquisição quanto para a manutenção, o que pode ser considerado como ponto negativo associado à sua implementação. Por isso, ao cogitarem adquirir um sistema de roteirização, as empresas devem testar os programas disponíveis em suas condições reais de trabalho, considerando uma ou mais situações específicas (Novaes, 2007).

Algumas sugestões para a seleção de um roteirizador estão listadas a seguir (Novaes, 2007, p. 326):

- O programa deve ter suporte técnico adequado, com participação de consultores, com o objetivo de adaptar o caso em questão ao formato próprio do produto e treinar o pessoal que o utilizará na empresa. Esse tipo de serviço precisa ser devidamente avaliado e comparado em termos de prazos e de custos.

- É necessário analisar possíveis simplificações realizadas nos *softwares* para a utilização da empresa e questionar se isso pode trazer efeitos na precisão dos resultados. Pode ser mais vantajoso adotar um método mais simples e barato e que dê a mesma precisão conseguida com tal aproximação.
- A base de dados da malha viária utilizada no programa deve ser confiável e atualizada. Se o fornecedor do *software* não dispuser dessa base de dados, deve indicar como adquiri-la.

No mercado brasileiro, até alguns anos atrás, havia apenas uma opção disponível de *software* de roteirização, o Trucks. Atualmente, temos disponíveis no mercado vários outros, tais como o Truckstops, o RoadShow e o RouteSmart, desenvolvidos por empresas estrangeiras, e alguns desenvolvidos localmente, como o Rota Certa (Cunha, 2000, p. 62).

O Professor Ronald Ballou, da Weatherhead School of Management, de Ohio, nos Estados Unidos, desenvolveu o *software* Logware®, que acompanha o livro *Gerenciamento da cadeia de suprimentos/logística empresarial* (Ballou, 2006). Esse *software* permite aplicar diferentes métodos de roteirização com finalidade acadêmica.

Síntese

Neste capítulo, destacamos que o transporte é a atividade mais importante da logística de distribuição, representando em torno de dois terços de seu custo. Para uma boa gestão do transporte, é necessário tomar decisões sobre o modal a ser utilizado, priorizar a consolidação dos fretes para reduzir as taxas por meio da economia de escala, construir os roteiros e programar os veículos.

Mostramos também que a roteirização pode ser realizada considerando ou não as restrições no roteiro. Sem restrições, é possível obter o roteiro em menor tempo, mas sem a solução ótima. Com a inserção das restrições, é possível construir modelos mais realistas e buscar a solução ótima, porém estes consomem mais recursos de tempo.

Na última parte do capítulo, tratamos dos princípios da RPV e de *softwares* específicos de roteirização, que são importantes ferramentas para o desenvolvimento da roteirização.

Questões para revisão

1. A respeito de modais de transporte, indique se as afirmações a seguir são verdadeiras (V) ou falsas (F):

   ( ) Os principais modais de transporte são divididos em quatro tipos: rodoviário, ferroviário, aéreo e aquaviário.

   ( ) Com relação a seleção dos modais, as principais variáveis na escolha do serviço de transporte são: tarifas dos fretes; confiabilidade; tempo em trânsito; perdas e danos; processamento das respectivas reclamações e rastreabilidade; considerações de mercado do embarcador; considerações relativas aos transportadores; disponibilidade e; pontualidade.

   ( ) Além da possibilidade de realizar o transporte por meio de um único modal, é possível optar pela intermodalidade, que consiste na realização do transporte por meio de vários modais, utilizando as melhores características de cada modal.

2. Com relação a roteirização de veículos, marque V para verdadeiro e F para falso:

( ) O problema da roteirização de veículo é de otimização de rotas de coleta de um ou vários armazéns, para entrega a clientes geograficamente dispersos, considerando suas restrições.

( ) Um método bastante utilizado para resolver problemas de roteirização de veículos ao longo de uma rede de caminhos em que existem múltiplos pontos de origem e de destino. É o método do caminho mais curto.

( ) O problema do caixeiro viajante (PCV) é utilizando em problemas de roteirização de veículos quando os pontos de origem e de destino são os mesmos.

3. (Cemig – 2012) Utilize o método da varredura para definir a roteirização do caminhão que sairá do depósito para fazer as entregas descritas na figura a seguir (as localidades são indicadas pelos círculos com as respectivas quantidades de produtos) e retornará para carregar novamente.
O caminhão tem capacidade para transportar 6.000 unidades. Comece pelo ponto cuja entrega é de 2.800 unidades.

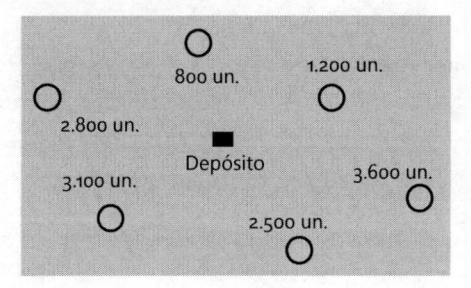

```
                    O
                 800 un.      1.200 un.
        O                          O
     2.800 un.
                    ■
        O        Depósito
     3.100 un.                   3.600 un.
                               O
                 2.500 un.
                    O
```

Considerando a melhor possibilidade de roteirização do veículo, assinale a soma da ociosidade de cada entrega do caminhão.

a) 100 unidades
b) 500 unidades
c) 4 mil unidades
d) 4.500 unidades

4. Explique com suas palavras o que é roteirização e cite três exemplos de atividades que necessitam desse processo.

5. Descreva as semelhanças e as diferenças entre a roteirização de um transporte escolar e a de um transporte de entrega de encomendas em residências pelo correio.

Questões para reflexão

1. Qual é a importância do transporte na logística de distribuição, sobretudo com relação às margens de lucro?

2. Descreva os fatores fundamentais da roteirização.

3. Qual é a diferença entre roteirização com e sem restrições?

4. Compare o método de varredura com o método Clark-Wright (CW).

5. Qual é a vantagem da utilização de um *software* no desenvolvimento da roteirização?

Para saber mais

Filmes

CAPITÃO Phillips. Direção: Paul Greengrass. EUA: Sony Pictures, 2013. 134 min.

Esse filme conta a história de um comandante naval experiente, interpretado por Tom Hanks, e que está em uma missão de distribuição de mercadorias e alimentos para o povo somaliano. O transporte é realizado por um navio cargueiro no trajeto dos Estados Unidos para a Somália. Ao longo do trajeto, a embarcação é atacada e o capitão busca de todas as formas proteger o navio e a tripulação.

NÁUFRAGO. Direção: Robert Zemeckis. EUA, 2000. 143 min.

Trata-se da história de um encarregado da Federal Express (FedEx), interpretado por Tom Hanks, que sofre um acidente de avião e acaba isolado em uma ilha durante quatro anos. A FedEX é retratada como diferenciada da concorrência por atender e garantir entregas sempre no prazo acordado. Essa propaganda trouxe muitos benefícios à FedEX, entre eles a divulgação do nome da empresa nos diversos países do mundo em que o filme foi exibido. A eficiência do serviço prestado também foi bem enfocada quando, no final do filme, o protagonista entrega um dos pacotes que foram parar na ilha, o único que ele não abriu.

Legislação

BRASIL. Lei n. 12.619, de 30 de abril de 2012. **Diário Oficial da União**, Poder Legislativo, Brasília, DF, 2 maio 2012. Disponível em: <http://www.planalto.gov.br/ccivil_03/_ato2011-2014/2012/lei/l12619.htm>. Acesso em: 27 maio 2017.

Essa é a lei que regulamenta o exercício da profissão de motorista profissional no Brasil, regulando e disciplinando a jornada de trabalho do motorista e o tempo de condução de veículos. As regras são específicas para trabalhadores do setor de transporte rodoviário de cargas e de passageiros.

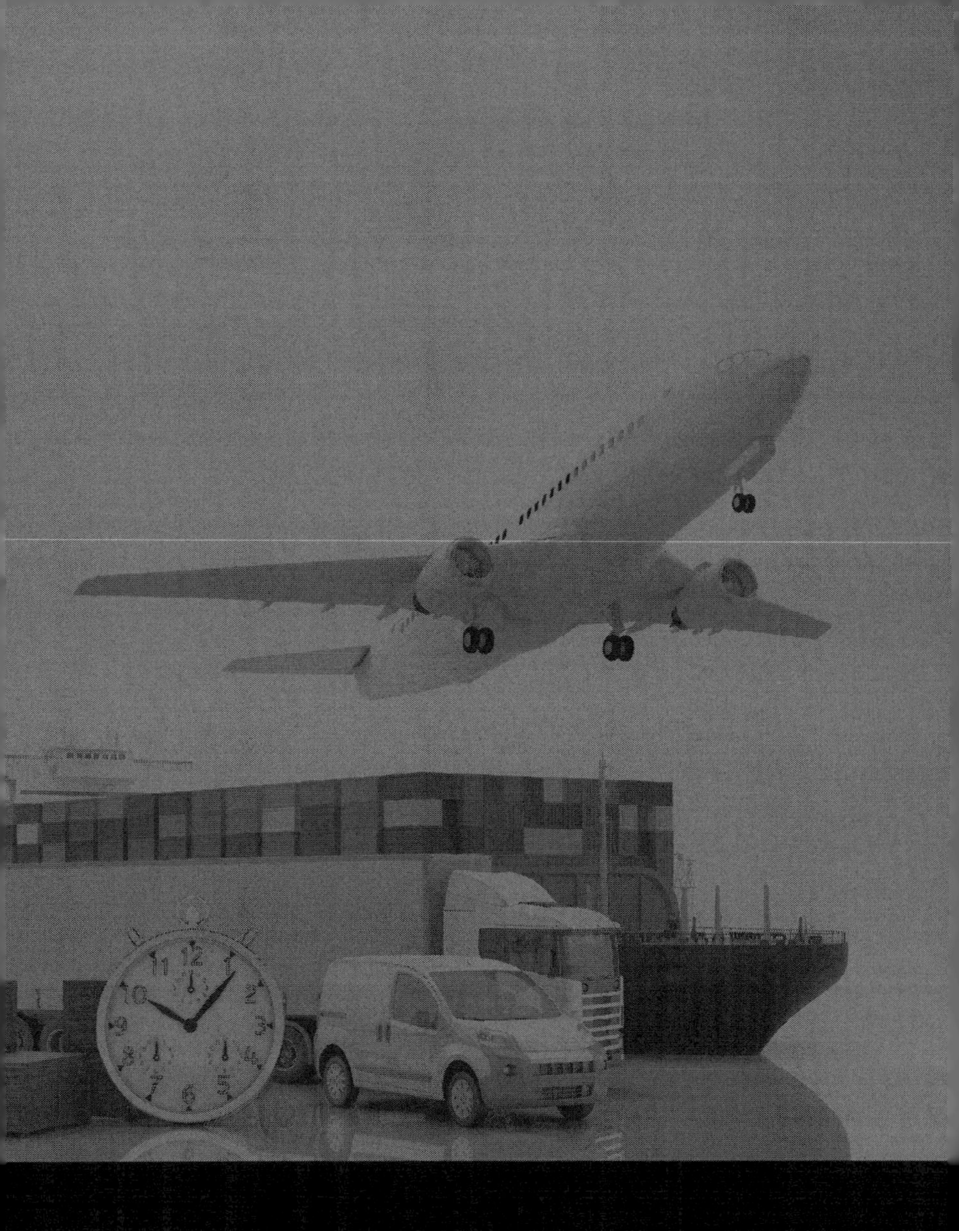

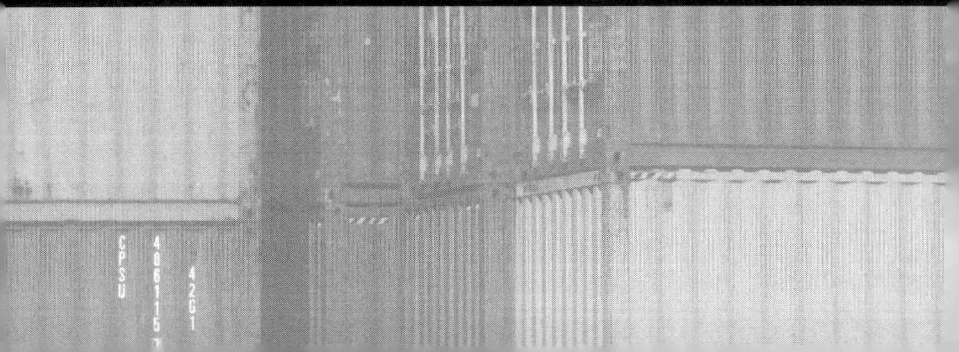

Terceirização na distribuição e operadores logísticos

CONTEÚDOS DO CAPÍTULO:

- Introdução à terceirização na logística.
- Conceito de *operador logístico*.
- Diferenças entre prestador de serviço logístico e operador logístico.
- Métodos para selecionar um operador logístico.
- A importância do operador logístico na distribuição.
- Desafios futuros dos operadores logísticos.
- Conceito de *quarteirização logística*.

APÓS O ESTUDO DESTE CAPÍTULO, VOCÊ SERÁ CAPAZ DE:

1. identificar as atividades logísticas terceirizadas;
2. compreender o que é um operador logístico, suas vantagens e o risco de utilização;
3. analisar as diferenças entre prestador de serviço logístico e operador logístico;
4. selecionar um operador logístico;
5. conceituar *quarteirização logística*.

6.1 TERCEIRIZAÇÃO NA LOGÍSTICA E NA DISTRIBUIÇÃO FÍSICA

A logística, incluindo a prestação de serviço, é ainda um setor em fase de crescimento e transformação. Por isso, Novaes (2007, p. 275) explica que, apesar de ser uma prática antiga, a terceirização de serviços logísticos, na forma como é conhecida hoje, desenvolveu-se apenas nas últimas décadas como "resultado da propensão mais intensa de as empresas terceirizarem serviços de uma maneira geral, quando antes os realizavam por conta própria".

De acordo com Novaes (2007), as terceirizações de serviços logísticos constituem uma forma de atingir novos mercados e oferecer um melhor nível de serviço aos clientes. Dessa forma, o crescimento da terceirização vem acontecendo, nos últimos anos, em virtude do aumento da demanda dos clientes por melhores serviços, da necessidade de redução de estoques e da busca da minimização dos custos.

> Ao terceirizar algumas de suas atividades logísticas, a empresa passa a dispor de mais tempo para focar seu *core business* (atividade central de seu negócio, aquela que é definida como essencial para a organização).

Ao longo das últimas décadas, o conceito de terceirização mudou de uma posição tradicional para uma estratégica. De uma atividade que exigia habilidades específicas do fornecedor em processos não essenciais para a empresa (por exemplo, assessoria jurídica) para atividades essenciais (por exemplo, distribuição física). Na Figura 6.1, Franceschini et al. (2003) definem quatro tipos de relacionamentos entre contratante e fornecedor.

Figura 6.1 Tipos de relacionamentos entre contratante e fornecedor

Especificidade	Baixa Complexidade	Alta Complexidade
Alta	Relacionamento temporário	Organização em rede
Baixa	Fornecedor tradicional	União estratégica

Fonte: Adaptado de Franceschini et al., 2003, p. 251, tradução nossa.

O fornecedor tradicional é contratado para a resolução de problemas imediatos, sendo avaliado por sua produtividade, redução de custos e tempo de reação. Por sua vez, o relacionamento temporário permite a empresa contratante obter melhores habilidades [...] o fornecedor é avaliado por sua condição em oferecer maior eficiência aos processos terceirizados. No conceito de união estratégica, as relações se caracterizam por parcerias de longo prazo e a operação do fornecedor é conduzida pela estratégia de seus clientes. O objetivo desta relação é a agregação de valor. O mais elevado grau de terceirização, definido por Franceschini et al. (2003) como organização em rede, caracteriza-se por parcerias de longo prazo, onde o fornecedor é contratado por sua capacidade de inovação e criação de novos mercados. O objetivo da terceirização neste estágio, é em uma visão de futuro, melhorar o posicionamento da empresa no mercado. (Gatti Junior, 2009, p. 4)

Atualmente, as empresas estão utilizando o conceito de *Distribution Utility* (DU) para ampliar seus mercados consumidores. Trata-se de um sistema de distribuição no qual uma associação de empresas não concorrentes serve aos mesmos clientes finais. Essa forma de terceirização da distribuição permite que haja maior frequência das cargas dos fabricantes por meio da melhor utilização dos recursos e reduz as flutuações em decorrência da sazonalidade.

6.2 Conceituação de operadores logísticos

Outra forma de terceirização logística é a utilização do operador logístico (OL), que é "um fornecedor de serviços logísticos integrados, capaz de atender a todas ou quase todas as necessidades logísticas de seus clientes de forma personalizada" (Figueiredo; Fleury; Wanke, 2000, p. 134). Os OLs possibilitam que as organizações criem vínculos cuidadosamente concebidos e planejem maneiras de adentrar em outros nichos, de modo a enfatizar suas próprias *expertises*. (Bertaglia, 2003).

De acordo com Novaes (2007, p. 282), o "OL, ou *Third-Party Logistics* (3PL), é responsável por parte do fluxo logístico, devendo propiciar a continuidade deste, mesmo se as demais atividades forem realizadas pela própria empresa, cliente ou terceiro".

As atividades de um OL caracterizam-se pela junção de três especificidades (Novaes, 2007, p. 285):

1. natureza das atividades – tais como transporte, armazenagem, manipulação de produtos, operações industriais, operações comerciais, serviço de cunho informacional e consultorias;
2. características de circulações de produtos – canais de distribuição, restrições físicas (peso, volume, temperatura) e restrições de gestão (frequência, valor dos produtos, rotatividade dos estoques); e
3. área geográfica servida.

> Exemplo: uma empresa do ramo de confecções, localizada no estado do Ceará, tem como objetivo a penetração em um novo mercado em uma região distante de sua planta industrial (Alagoas e Sergipe). Como o foco da confecção é produzir, a empresa decidiu terceirizar sua logística de distribuição para um OL. Para isso, a empresa analisou aspectos como: local para estocagem, transporte a ser utilizado e necessidade de recursos (mão de obra, equipamentos, entre outros).

6.3 Vantagens e riscos da utilização de operadores logísticos

Fatores como a maior complexidade das operações, a proliferação de produtos, os menores ciclos de vida dos produtos, a maior segmentação de mercados/clientes, a globalização e a maior exigência de serviços agregados a produtos contribuíram para a necessidade de adaptação rápida das empresas às flutuações de preços e demandas e às diferentes exigências do mercado.

Conforme explicam Dornier et al. (2000), as vantagens do uso de OLs estão na possibilidade de aporte consistente na penetração em novos mercados e na redução dos riscos de investimento financeiro inerentes à propriedade dos ativos logísticos, tais como caminhões e armazéns. Além disso, os OLs geram vantagem competitiva porque possibilitam a redução de investimentos em ativos, a manutenção do foco na atividade central e o aumento da flexibilidade operacional, refletindo na melhoria do retorno sobre ativos e investimentos (Lambert; Cooper; Pagh, 1998). A grande desvantagem do processo de terceirização com OLs seria a perda de controle de uma função específica por parte do contratante.

Simchi-Levi, Kamisnky e Simchi-Levi (2010, p. 302) indicam algumas vantagens da terceirização com OLs:

- **Foco nos principais pontos fortes**: a utilização de OL permite à empresa contratante concentrar-se em competências centrais.
- **Suprimento da flexibilidade tecnológica**: à medida que a tecnologia avança, o OL tende a atualizar seus recursos, os quais são parte de seu negócio. Já para as empresas contratantes, isso exige investimentos nem sempre disponíveis.

- **Suprimento de outras flexibilidades**: é possível dispor de opções geográficas para diversos serviços que o OL pode oferecer.

> **Exemplo**: de acordo com edição de 2014 do *Third-Party Logistics Study*, o fator de redução do custo logístico gerado pela atuação dos OLs no mundo foi de 15% em uma média geral. Considerando-se o anacronismo, os gargalos de infraestrutura e os empecilhos legais e burocráticos, os OLs nacionais, segundo estimativas da Fundação Dom Cabral (FDC) em 2012, têm capacidade de gerar um fator de redução de custos logísticos na ordem de 9,9% (KPMG et al., 2015).

Conforme Dornier et al. (2000), os principais riscos que podem ocorrer na utilização de um OL são:

- o risco estratégico, como no caso de uma empresa que antes do processo de terceirização tinha a entrega de mercadorias como um diferencial em relação aos concorrentes, mas, após a implementação do OL, outras empresas concorrentes puderam oferecer o mesmo serviço;
- o risco comercial, pois a imagem do fabricante estará inevitavelmente ligada a uma empresa de serviços;
- o risco gerencial, sendo que os custos e o nível de serviço fornecido devem ser visíveis para o produtor e para o provedor logístico.

Estudo de caso

Operações de um grande varejista entre China e Estados Unidos

Parte dos produtos comercializados por um grande varejista americano, que tem um faturamento equivalente a cerca de 2,5% do Produto Interno Bruto (PIB) dos Estados Unidos, é produzida na China. O grupo compra em torno de 10% de tudo o que a China vende para os Estados Unidos. Com base na relevância dessa operação, os diretores da empresa realizaram uma análise para decidir se manteriam a realização das atividades de logísticas, como distribuição física e armazenagem, no grupo ou se deveriam terceirizar a tarefa.

Ao observar a complexidade da operação em um país estrangeiro e a possibilidade de contratar um parceiro com bastante experiência na área, a empresa resolveu terceirizar as atividades na China. Para isso, estabeleceu uma parceria com um dos maiores operadores logísticos internacionais e que tem grande infraestrutura nesse país.

A atividade terceirizada foi o transporte dos produtos dos fabricantes chineses de diversas regiões para um centro de distribuição do OL em Xangai. Assim que chegam lá, os produtos são separados de acordo com os pedidos das lojas americanas. As cargas são consolidadas e transportadas via modal marítimo em contêineres do porto de Xangai para o porto de Los Angeles, na Califórnia. Por fim, o OL realiza o desembaraço alfandegário no porto e envia os contêineres para cada uma das lojas solicitantes de produtos nos Estados Unidos.

Nesse caso, as principais vantagens de utilizar o OL são:

a) os custos logísticos, em sua maioria, ficam localizados na China, onde o OL já tinha operação e experiência;
b) as cargas são consolidadas com produtos para cada loja específica;
c) os contêineres seguem completos para as lojas;
d) passou a haver mais agilidade na alfândega, em virtude do grande volume de mercadorias transportadas e à experiência do OL;
e) a desconsolidação das cargas passou a ocorrer nas lojas, aumentando a segurança contra roubos e furtos durante o transporte;
f) todos os processos são controlados e rastreados pelo OL, que emite relatórios gerenciais.

6.4 DIFERENÇAS ENTRE PRESTADOR DE SERVIÇO LOGÍSTICO E OPERADOR LOGÍSTICO

Os benefícios da utilização dos OLs são mais notáveis quando comparados aos proporcionados por prestadores de serviços logísticos (PSLs) em uma única atividade logística, ou seja, transportadoras, armazenadores, gerenciadoras de recursos humanos e de informação, entre outros.

De acordo com Figueiredo, Fleury e Wanke (2000), o OL agrega valor ao negócio de seu cliente ao oferecer serviços de transporte, recebimento, conferência, paletização, armazenagem, gestão de estoques, abastecimento de linhas, embalagem, separação de pedidos, formação de *kits*, roteirização, rastreamento de pedidos, rastreamento de veículos, controle e pagamento de fretes, gestão de informações logísticas, monitoramento de desempenho logístico etc.

Os prestadores de serviços tradicionais (PSLs) estão diretamente ligados à terceirização, mas são responsáveis por apenas uma ou poucas atividades. Já o OL é capaz de atender a várias ou a todas as necessidades logísticas de seus clientes, de forma personalizada.

O Quadro 6.1 detalha os serviços realizados pelo PSL e pelo OL. Além disso, estão listadas as principais atividades ofertadas, o objetivo do contratante, o tempo de duração do contrato, o conhecimento (*know-how*), a duração das negociações entre cliente e fornecedor e as principais diferenças entre os contratos.

Quadro 6.1 Diferenças entre PSL e OL

	PSL	OL
Serviços	Oferece serviços genéricos	Oferece serviços sob medida
Atividades ofertadas	Tende a se concentrar numa única atividade logística: transporte, estoque ou armazenagem.	Oferece múltiplas atividades de forma integrada: transporte, estoques e armazenagem.
Objetivo do contratante	Minimizar o custo específico da atividade contratada.	Reduzir os custos totais da logística, melhorar os serviços e aumentar a flexibilidade.
Duração do contrato	Curto a médio prazo (6 meses a 1 ano).	Longo prazo (5 a 10 anos).
Know-how	Limitado e especializado.	Possui ampla capacitação de análise e planejamento logístico, assim como de operação.
Duração das negociações	Tendem a ser rápidas (semanas) e num nível operacional.	Tendem a ser longas (meses) e num alto nível gerencial.

Fonte: Adaptado de Novaes, 2007, p. 133.

Exemplos:

PSL: uma empresa de moagem e torrefação de café contrata um PSL com mão de obra para carga e descarga de veículos com café. Essa mão de obra fornece um serviço genérico, limitado, de contrato diário. A empresa utiliza um PSL em razão do baixo custo em relação à contratação de um OL.

OL: uma empresa produtora de alimentos congelados contrata um OL para a comercialização de seus produtos numa região em que a empresa não desenvolveu atividades anteriores. Essa escolha ocorre em virtude do serviço personalizado, da oferta de múltiplas atividades e da capacidade de planejamento e monitoramento. O contrato é de cinco anos, prorrogável por mais cinco. As principais atividades terceirizadas são o transporte de produtos, a estocagem e a distribuição em câmaras frias para seus clientes.

6.5 Seleção do operador logístico

Segundo Figueiredo, Fleury e Wanke (2000, p. 139), quatro questões básicas devem ser respondidas antes de se contratar um OL:

1. **O que se deseja ganhar com a contratação?** – Por exemplo, pode-se desejar a redução de custos, a melhoria da qualidade de serviços, o aumento da rentabilidade, entre outros.
2. **O OL deve ter quais características?** – Podemos citar, entre outros pontos, infraestrutura adequada, mão de obra treinada, equipamentos logísticos modernos e utilização de programas computacionais de última geração.
3. **Que instrumentos gerenciais devem ser estabelecidos?** – É fundamental a criação de instrumentos gerenciais de planejamento, controle e monitoração das operações.
4. **Como avaliar os resultados?** – O estabelecimento de metas e objetivos pode ser comparado às informações obtidas pelos instrumentos gerenciais de planejamento e controle.

Novaes (2007) indica que,

> na seleção de um OL, devem ser considerados os seguintes fatores, características e competências: compatibilidade de sistemas de informação existentes no OL e o na empresa contratante; referências de outros clientes; reputação da empresa; estabilidade/saúde financeira da empresa; experiência de trabalho nos negócios, como tempo que atua no mercado; compatibilidade da cultura das empresas; facilidade de comunicação entre as empresas; localização e escopo geográfico e; preço dos serviços oferecidos.

Os contratos de hoje requerem a formação de vínculos de confiança, de verdadeiras formas de parcerias, mas a confiança não é o suficiente; é preciso que as empresas gerenciem permanentemente as parcerias e mantenham, ao mesmo tempo, uma política de vigilância, de forma a evitar que os parceiros se afastem dos objetivos fixados previamente (Novaes, 2007).

Assim, podemos afirmar que, para o sucesso da seleção de um OL, é necessário que haja compatibilidade das filosofias corporativas e parceria no compartilhamento de informações, riscos e metas, bem como na coordenação, no planejamento, na obtenção de vantagens mútuas e no reconhecimento da interdependência mútua (Harrison; Hoek, 2003).

6.6 Papel do operador logístico na distribuição

Conforme mencionamos, os OLs buscam agregar valor ao produto, desempenhando pelos menos três atividades consideradas básicas na logística: controle de estoques, armazenagem e gestão de transporte. Com isso, fica evidente que os OLs são fundamentais para o bom desenvolvimento da distribuição física.

A utilização de OL nas atividades da distribuição física ocorre, geralmente, em virtude da elevada participação dessas atividades no faturamento da empresa. Com a terceirização, as empresas esperam reduzir custos na execução das operações e promover o aumento dos níveis de serviços aos clientes.

Com o aumento da sofisticação tecnológica e da complexidade das atividades dos sistemas de distribuição, os OLs se tornam estratégicos por terem conhecimentos específicos em suas áreas de atuação e por realizarem investimentos em tecnologias. A maior quantidade de OLs disponíveis no mercado torna a definição do que terceirizar e a seleção de um OL mais difíceis para os gestores da distribuição física.

6.7 DESAFIOS AOS OPERADORES LOGÍSTICOS

O mercado dos OLs está em crescimento e, principalmente, em transformação. Observam-se grande dinâmica na oferta de serviços logísticos e uma busca intensa das empresas por nichos de mercado mais rentáveis. A tendência de oferecer serviços customizados está relacionada justamente a essa dinâmica – a disseminação do uso de tecnologias da informação, como é o caso do comércio eletrônico, é um dos fatores que afetam o atual contexto (Novaes, 2007, p. 298).

> A DHL Global Forwarding, um OL, teve um acréscimo em sua demanda por projetos customizados no setor têxtil no Brasil. Essa demanda surgiu com o aumento das empresas que utilizam o comércio eletrônico. Para suprir essa necessidade, a empresa investiu em sua capacidade de atendimento ao cliente por meio de um sistema de tecnologia da informação, de mão de obra especializada na área e de um planejamento estratégico detalhado.

A intenção dos OLs é manter seus serviços e continuar trabalhando como provedores de soluções logísticas. Entretanto, a tendência dos contratos estabelecidos entre OLs e clientes tem sido a de exigir maior cobertura geográfica e mais atividades. Esse cenário é um desafio para os OLs. Em longo prazo, a tendência desse mercado é prover oportunidades para novas empresas de logística, voltadas a processos mais amplos e focadas na coordenação e na integração das atividades, como a quarteirização logística (*Fourth-PartyLogistics* – 4PL) (Lieb, 2005).

> Nos últimos anos, além de executarem as atividades básicas da logística, muitos operadores estão passando a atuar também em atividades relacionadas à informação e de valor adicionado à gestão da cadeia de suprimentos.

6.8 Quarteirização Logística (Fourth-Party Logistics – 4PL)

O termo *quarteirização logística*, ou *Fourth-Party Logistics* (4PL), surgiu em virtude da demanda dos clientes por soluções completas de gerenciamento da cadeia de suprimentos que fornecessem mais valor a essa cadeia, em termos de melhores serviços, com entregas pontuais e a custos reduzidos, e atuassem como interface única entre o embarcador (cliente) e várias empresas prestadoras de serviços (Lima, 2004; Li et al., 2003).

> **Quarteirização logística (4PL):** "um elemento integrador da cadeia de suprimentos que agrupa e gerencia recursos, capacidades e tecnologias próprias e de outros prestadores de serviços, para oferecer uma solução ampla da cadeia de suprimentos, combinando as capacidades da consultoria de gestão e da tecnologia de informação com as dos provedores de serviços logísticos terceirizados (3PL)" (Gatti Junior, 2009).

O 4PL torna-se o condutor da cadeia de suprimentos e proporciona ao cliente uma completa capacidade de gerenciamento de rede, sendo possível a adoção, entre outros modelos de negócio, de uma *joint venture* com seu cliente. Assim, o 4PL reúne a coalizão de prestadores de serviços consagrados e, utilizando sua própria capacidade de sistemas de informação, garante uma solução rentável e sustentável para a cadeia de suprimentos (Christopher, 2013, p. 267).

A Figura 6.2 detalha o conceito de 4PL e apresenta os principais clientes (principais contribuições), a organização 4PL (contribuição dos PSLs/OLs) e os parceiros (principais contribuições envolvidos).

Figura 6.2 Conceito de 4PL

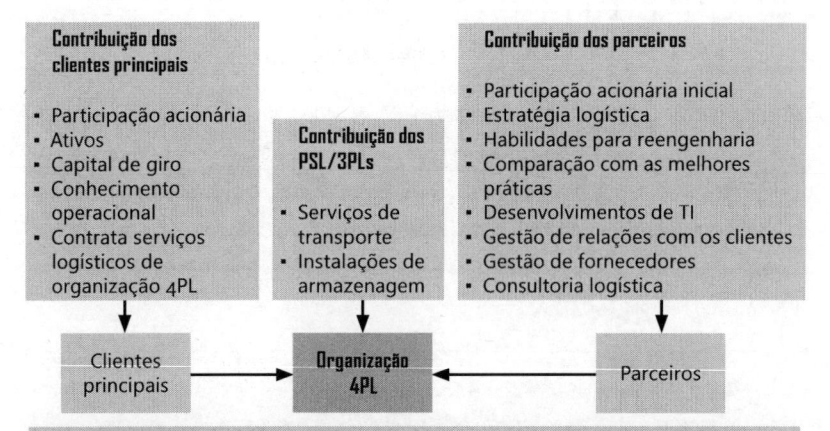

Contribuição dos clientes principais
- Participação acionária
- Ativos
- Capital de giro
- Conhecimento operacional
- Contrata serviços logísticos de organização 4PL

Contribuição dos PSL/3PLs
- Serviços de transporte
- Instalações de armazenagem

Contribuição dos parceiros
- Participação acionária inicial
- Estratégia logística
- Habilidades para reengenharia
- Comparação com as melhores práticas
- Desenvolvimentos de TI
- Gestão de relações com os clientes
- Gestão de fornecedores
- Consultoria logística

Clientes principais → Organização 4PL ← Parceiros

Características mais importantes

- Organização híbrida – formada por várias entidades diferentes
- Estabelecida como *joint venture* ou contrato de longo prazo
- Alinhamento das metas de parceiros e clientes por meio de partilha do lucro
- Responsável pelo gerenciamento e pela operação de toda a cadeia de suprimentos
- Fluxo contínuo de informação entre parceiros e organização 4PL

Fonte: Adaptado de Christopher, 2013, p. 267.

De acordo com Win (2008, p. 678), "os principais motivos de uma empresa no momento de decidir sobre terceirizar para um 4PL são":

- Crescimento de volume e/ou marcas de produtos;
- Necessidade de redução de estoque em excesso combinado com a melhoria do nível serviço ao cliente;
- Aumento da demanda por informações relacionadas à cadeia de suprimentos;
- Uma reorientação do negócio sobre os principais valores de marketing e vendas;
- Baixa acuracidade da previsão de demanda.

Exemplo: "no Brasil, a parceria entre a empresa Ipiranga e a Companhia Vale do Rio Doce é apontada como um caso de sucesso na aplicação do 4PL. A Vale é responsável pelo desenho da operação logística e pela escolha dos provedores de serviços logísticos para distribuição de produtos acabados da IPQ" (Gatti Junior, 2011, p. 97).

SÍNTESE

Neste capítulo, mostramos como a terceirização da logística vem aumentando nos últimos anos e esclarecemos que isso se deve a fatores como a crescente exigência de redução de estoques, o desejo pela minimização de custos e pela melhoria do nível de serviço e a competição globalizada. Por meio da terceirização das atividades de suporte, as empresas podem se dedicar às suas atividades centrais.

Como os PSLs e os OLs são os principais participantes na terceirização da logística, neste capítulo foram detalhadas as diferenças entre eles. Além disso, destacamos algumas vantagens e riscos oferecidos pela utilização de um OL, assim como a forma de seleção de um OL e os principais desafios presentes na terceirização das atividades logísticas.

Por último, apresentamos o conceito de quarteirização logística (4PL) e como esta pode ser um dos desafios para os OLs atuais. Por meio da 4PL é possível ampliar as colaborações na cadeia de suprimentos, o que pode resultar em maior oferta de produtos e serviços.

QUESTÕES PARA REVISÃO

1. Com relação à terceirização, indique se as afirmações a seguir são verdadeiras (V) ou falsas (F):
   ( ) As empresas terceirizam suas atividades logísticas com o intuito de reduzir os estoques, minimizar os custos e atender à demanda dos clientes por melhores serviços e produtos.
   ( ) Quando uma empresa terceiriza suas atividades logísticas de apoio, ela passa a dedicar mais tempo as suas atividades principais.

2. Com relação aos operadores logísticos, indique se as afirmações a seguir são verdadeiras (V) ou falsas (F):

( ) Os operadores logísticos estão diretamente ligados à terceirização, mas são responsáveis por apenas uma ou poucas atividades.

( ) Os principais riscos que podem ocorrer na utilização de um operador logístico são: o risco estratégico, o risco comercial e o risco gerencial.

3. Observe a definição a seguir e assinale a alternativa que melhor a representa:

"É um elemento integrador da cadeia de suprimentos que agrupa e gerencia recursos, capacidades e tecnologias próprias e de outros prestadores de serviços, para oferecer uma solução ampla" (Gatti Junior, 2009, p. 5).

a) Operador logístico.
b) Prestador de serviço logístico.
c) Quarteirizador logístico.
d) Gestor logístico.
e) Nenhuma das alternativas anteriores.

4. Cite três atividades logísticas terceirizadas em situações reais.

5. Suponha que você ficou responsável por decidir se a distribuição física da empresa em que trabalha será ou não terceirizada. Quais levantamentos e informações você julga necessários para tomar essa decisão?

Questões para reflexão

1. A tendência atual da logística é terceirizar seus serviços. Explique esse fato.

2. O que é um operador logístico? Exemplifique.

3. Cite vantagens e riscos da utilização de operadores logísticos.

4. Cite fatores a serem considerados na contratação de um operador logístico.

5. O que é quarteirização logística? Quais vantagens oferece?

PARA SABER MAIS

LEGISLAÇÃO

BRASIL. Senado Federal. Projeto de Lei n. 4.330, de 2004. Dispõe sobre o contrato de prestação de serviço a terceiros e as relações de trabalho dele decorrentes. Disponível em: <http://www.camara.gov.br/proposicoesWeb/fichadetramitacao?idProposicao=267841>. Acesso em: 29 jun. 2017.

Essa lei, conhecida como *Lei da Terceirização*, "regula o contrato de prestação de serviço e as relações de trabalho dele decorrentes quando o prestador for sociedade empresarial que contrate empregados ou subcontrate outra empresa para a execução do serviço" (art. 1º).

SITE

ABOL – Associação Brasileira de Operadores Logísticos. Disponível em: <http://abolbrasil.org.br/>. Acesso em: 29 jun. 2017.

Nesse *site* você encontrará mais informações sobre operadores logísticos no Brasil.

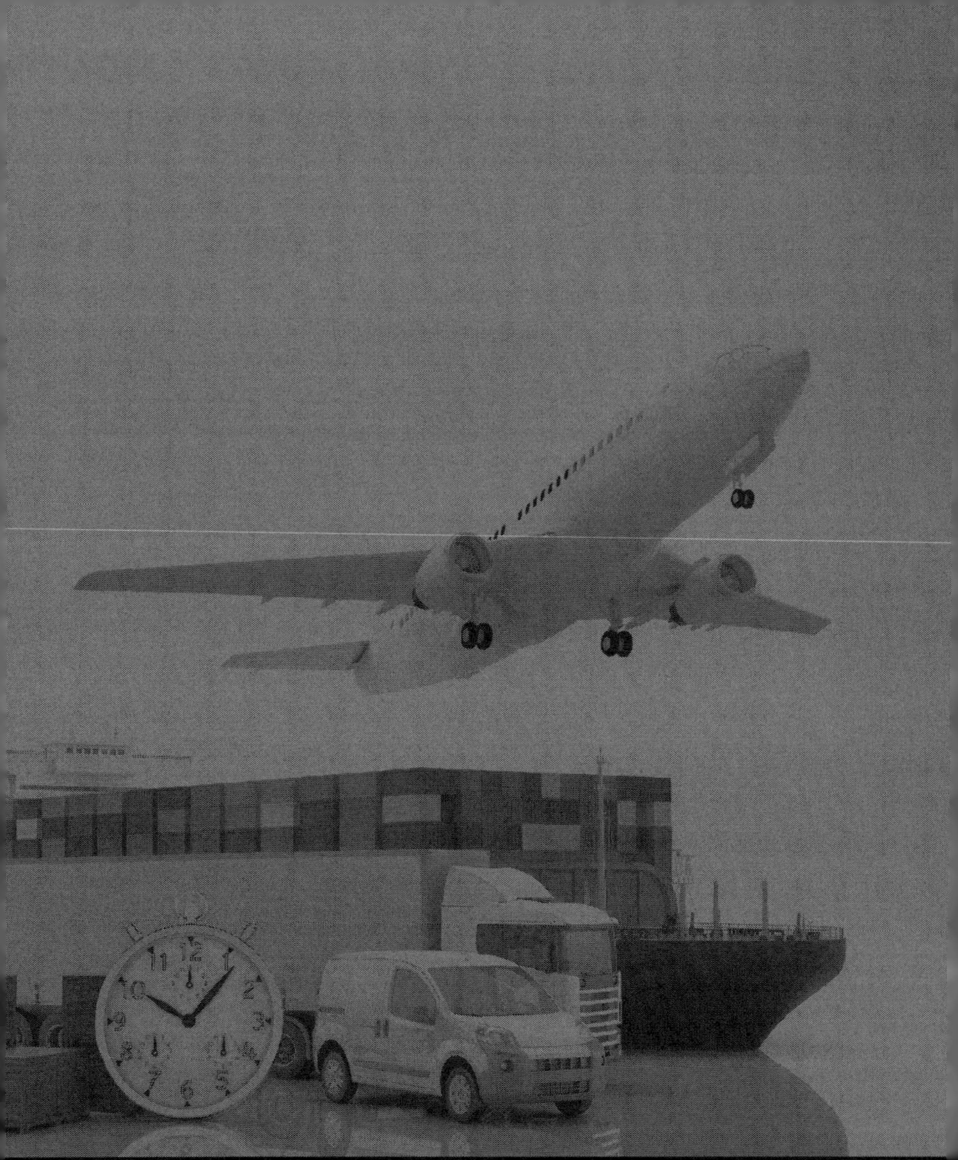

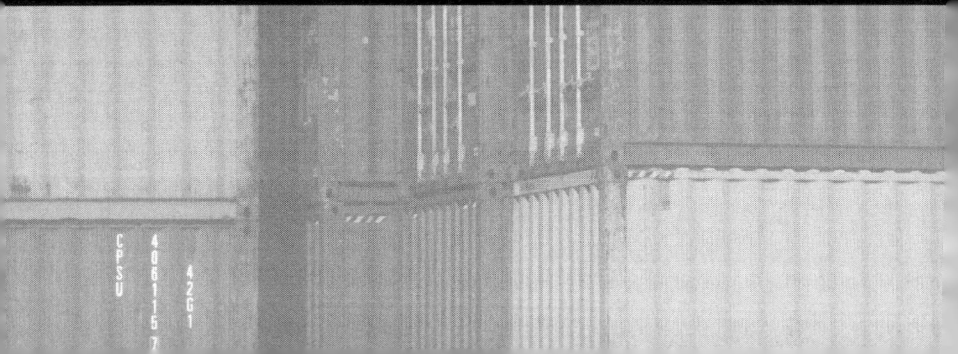
CPSU
42G1

Avaliação de desempenho logístico e desafios da logística no mercado atual

CONTEÚDOS DO CAPÍTULO:

- Definição de *avaliação de desempenho logístico*.
- Métricas para mensuração de desempenho logístico e da distribuição física.
- Detalhamento de *benchmarking*.
- Desafios da logística e da distribuição física no mercado atual.
- Importância da tecnologia da informação (TI) e do comércio eletrônico para a logística e a distribuição física.

APÓS O ESTUDO DESTE CAPÍTULO, VOCÊ SERÁ CAPAZ DE:

1. desenvolver um sistema para avaliar o desempenho logístico;
2. mensurar o desempenho logístico e da distribuição física;
3. aplicar o *benchmarking*;
4. compreender os desafios da logística e da distribuição física no mercado atual;
5. entender a utilização das ferramentas de TI na logística e na distribuição física.

7.1 Avaliação de desempenho logístico

Não é difícil perceber que os clientes estão mais exigentes e esperam um nível de serviço logístico maior. Isso significa que os produtos devem ser entregues em um menor prazo, na quantidade correta e por um preço justo. Para atender a esses anseios dos clientes, as empresas precisam avaliar continuamente seu desempenho logístico.

A avaliação de desempenho logístico de uma empresa e a tomada de decisões para resolver eventuais problemas detectados são de fundamental importância para a permanência no mercado competitivo. Essa atividade de avaliação tem como principal função fornecer um panorama geral da percepção do cliente e medir a relevância conferida a determinados atributos. Assim, o resultado da avaliação de desempenho permite determinar se existe um hiato entre o que o cliente valoriza e o que lhe é efetivamente entregue. Como resultado, a empresa poderá melhorar o desempenho naqueles critérios em que não receberam uma avaliação positiva e que se mostram relevantes na percepção do cliente (Martins et al., 2011).

> Existem várias dimensões (por exemplo, qualidade, flexibilidade, pontualidade, prazo e custo) para avaliar o desempenho logístico e é a empresa que deve escolher quais dessas dimensões são mais relevantes para alcançar seus objetivos. O desempenho logístico deve ser reavaliado no mínimo a cada ano ou em períodos predefinidos pela organização.

Segundo Corrêa (2014, p. 106), a avaliação do desempenho logístico é composta pelas seguintes especificidades:

- **Medição de desempenho**: é o processo de quantificação da eficácia e da eficiência das ações tomadas por uma operação;
- **Medidas de desempenho**: são as métricas usadas para quantificar a eficácia e a eficiência das ações;
- **Sistema de medição de desempenho**: é um conjunto coerente de métricas usado para quantificar a eficácia e a eficiência das ações.

Eficácia é a "extensão na qual as atividades planejadas são realizadas e os resultados planejados, alcançados"; **eficiência** é a "relação entre o resultado alcançado e os recursos usados" (ABNT, 2005, p. 9).

Tomemos como exemplo o carregamento de carga em um caminhão:

- **Eficácia**: a equipe de logística planejou 180 minutos para o carregamento total do caminhão com duas empilhadeiras. O carregamento foi feito com os recursos planejados em 172 minutos. A atividade foi realizada com 8 minutos de folga, ou seja, foi eficaz.
- **Eficiência**: o carregamento pode ser realizado em 180 minutos com a utilização de duas empilhadeiras sob o custo de R$ 0,48 por minuto de carregamento. Contudo, também pode ser feito em 300 minutos de forma manual, com três ajudantes, sob o custo de R$ 0,29 por minuto. Assim, a primeira opção (carregamento com empilhadeiras) teve um menor custo e tempo, sendo mais eficiente do que a segunda opção (carregamento manual com ajudantes).

De acordo com Bowersox e Closs (2001, p. 448), são três os objetivos dos sistemas de avaliação de desempenho das operações logísticas:

1. **Monitoramento**: acompanha o desempenho histórico do sistema logístico para que a gerência e os clientes sejam mantidos informados. Um bom exemplo seria a avaliação do nível de serviço e os componentes dos custos de distribuição.

2. **Controle**: acompanha continuamente o desempenho e é utilizado para aprimorar um processo logístico de modo a colocá-lo em conformidade quando o processo excede padrões de controle. Um bom exemplo seria o controle de validade dos estoques.

3. **Direcionamento**: é projetado para motivar o pessoal. Um bom exemplo seria o pagamento de adicionais de produtividade.

O estabelecimento de padrões de comparação é essencial para o processo de avaliação de desempenho, pois é necessário comparar o que foi medido com esse em algum tipo de padrão. Pensando nisso, Corrêa e Corrêa (2012, p. 163) indicam recursos de comparação:

- **Padrões históricos**: compara-se o desempenho atual com desempenhos passados para avaliar tendências. Por exemplo, o consumo de diesel semestral de uma frota.
- **Padrões de desempenho arbitrários**: são estabelecidos arbitrariamente, conforme o que é percebido como desejável ou bom. Por exemplo, pneus devem ser trocados a cada 40 mil km rodados.
- **Padrões definidos pelo desempenho da concorrência**: compara-se o desempenho atual com os da concorrência para definir os padrões. Por exemplo, o prazo médio de entrega deve ser pelo menos 10% menor que o prazo de entrega do concorrente X.
- **Padrões absolutos**: trata-se de estabelecer metas absolutas. Por exemplo, deve-se obter "zero defeitos" nos produtos distribuídos.

Como explicam Gunasekaran, Patel e Mcgaughey (2004), a ausência de avaliação de desempenho logístico pode acarretar diversos impactos para a empresa que oferece o serviço logístico:

- dificuldades para compreender o sistema logístico;
- prejuízo da percepção da qualidade do serviço ao cliente;
- menor comunicação entre os elos da cadeia de suprimentos, reduzindo o intercâmbio de informações e dados;
- falta de conhecimento sobre o resultado alcançado para que seja possível saber medir o sucesso ou o fracasso na execução das atividades logísticas;
- impacto no crescimento da empresa em longo prazo em virtude da falta de conhecimento de seus resultados e da falta de informações e conhecimento sobre o mercado.

Estudo de caso

A avaliação de desempenho da MRS Logística

A MRS Logística S.A. é a concessionária pública que opera, controla e monitora a Malha Sudeste da Rede Ferroviária Federal. Criada em 1996 a empresa é constituída das antigas superintendências regionais, a SR3 – Juiz de Fora e a SR4 – São Paulo. Com cerca de 1643 km de malha ferroviária construída interligando os estados do Rio de Janeiro, Minas Gerais e São Paulo, a região conta com a maior concentração industrial do país, sendo um grande facilitador em termos de ganho de produtividade e diferencial estratégico pela companhia. [A empresa avalia o desempenho da logística operacional com base em dois indicadores de desempenho:]

[...]

THP (Trem Hora Parado): registro que identifica a realização de atividade por um trem. Sempre que um trem é liberado e não está circulando, o tempo parado desse é associado a um evento que caracteriza a realização de atividade ou o motivo da parada.

THT (Trem Hora Total): registro de todo o tempo de um trem, desde sua liberação até o seu encerramento. É a soma do tempo de circulação e o tempo parado entre a liberação e o encerramento do trem.

[...]

[...] dentro da perspectiva dos processos internos há o objetivo "Maximizar os Recursos à Disposição da Produção". Para este objetivo obtemos o indicador de "Produtividade de Recursos (THP/THT)". A meta para este indicador é de 30%.

Fonte: Dias, 2008.

7.1.1 Mensuração de desempenho logístico

É difícil mensurar o desempenho de serviços logísticos em virtude da configuração de critérios intangíveis e muitas vezes ambíguos, o que dificulta o desenvolvimento de uma estrutura única de avaliação de desempenho (Cho et al., 2012). Contudo, com base em Beamon (1996), podemos citar quatro pontos relevantes para a análise e a adequação dos modelos de mensuração de desempenho logístico:

1. **abrangência**: incluir todos os aspectos pertinentes à avaliação;
2. **universalidade**: permitir a comparação entre os diferentes níveis;
3. **mensurabilidade**: quantificar e medir as informações necessárias;
4. **consistência**: estabelecer medidas relacionadas com as metas estabelecidas.

A seguir, apresentamos algumas características de uma medida de desempenho, de acordo com Corrêa (2014).

Características de uma medida de desempenho:

1. Ser alinhada com as prioridades competitivas da operação.
2. Ser simples de entender e usar.
3. Refletir o processo de negócio envolvido.
4. Pertencer ao ciclo de controle.
5. Ter propósito específico e definido.
6. Ser mais global que localizada.
7. Empregar mais razões que valores absolutos.
8. Prover *feedback* rápido e de forma precisa.
9. Ser relevante.
10. Ser claramente definida.
11. Focalizar o melhoramento.
12. Basear-se em fórmulas e base de dados explícita.
13. Ser objetiva e não apenas opinativa.
14. Ser baseada em quantidades que possam ser controladas pela organização avaliada.

Fonte: Adaptado de Corrêa, 2014, p. 107.

A determinação de uma medida de desempenho depende da complexidade do processo que se deseja avaliar, de sua importância em relação aos objetivos e metas estabelecidos e da expectativa de uso gerencial posterior desses dados.

De acordo com Bowersox e Closs (2001), as medidas de desempenho podem ser classificadas em:

- **Mensuração interna**: concentra-se na comparação de atividades e processos com metas e/ou operações anteriores. É utilizada frequentemente, pois permite à gerência compreender a origem de informações internas como custo, atendimento ao cliente, produtividade, qualidade e gestão dos ativos.

- **Mensuração externa**: é realizada para monitorar e manter uma perspectiva orientada ao cliente, além de captar ideias inovadoras de outros setores. Nessa categoria, enquadram-se a mensuração da percepção do cliente e o *benchmarking* das melhores práticas.

Quadro 7.1 Métricas típicas de desempenho logístico

Gestão de custos	Atendimento aos clientes	Qualidade	Produtividade	Gestão de ativos
Custo total	Taxa de atendimento	Frequência de danos	Tempo de uso dos equipamentos	Retorno sobre investimentos
Custo unitário	Falta de estoque	Precisão da entrada de pedidos	Pedidos por vendedor	Inventário obsoleto
Frete de recebimento	Erros de embarque	Disponibilidade de informação	Índice de produtividade	Retorno sobre ativos líquidos
Administrativo	Entregas no prazo	Precisão da informação	Unidades expedidas	Giro de inventário
Mão de obra direta	Pedidos completos	Número de reclamações de crédito	Produtividade da mão de obra	Valor econômico agregado (EVA)
Custo de falhas no serviço	Reclamações de clientes	Número de devoluções de clientes	Comparação com padrões históricos	Classificação dos itens do inventário

Fonte: Adaptado de Bowersox; Closs; Cooper, 2006, p. 450.

O estudo de caso a seguir ressalta a importância da avaliação e da mensuração dos processos logísticos por meio de indicadores de desempenho. Com base nisso, é possível identificar como se podem priorizar as ações de melhoria e analisar sua eficácia e eficiência.

Estudo de caso

Qualidade na distribuição física

Uma empresa produtora de tubos de aço apresentava ótimo desempenho em seus processos industriais. Todos os anos, ela avaliava o seus indicadores e elaborava um minucioso programa de melhoria contínua. Em determinado ano, foi constatado que um dos maiores motivos de reclamações era referente às entregas. As não conformidades diziam respeito a erros nas quantidades, no local de entrega e nas trocas de produtos. Alguns clientes recebiam produtos que não haviam solicitado e, algumas vezes, nas quantidades erradas.

Na análise das causas do problema, foi verificado que os erros estavam relacionados ao preenchimento do pedido *on-line* pelos representantes comerciais, que, às vezes, trocavam as quantidades em unidade de peso (kg) ou comprimento (m) e também o nome comercial do produto ou o local de entrega. Com apoio do Setor de Informática, desenvolveu-se um sistema *poka yoke*, à prova de falhas. Desse modo, a cada pedido o sistema informatizado exige a confirmação para:

- cliente que compra quantidades muito diferentes do usual (média mensal) – evitando-se, assim, que ocorra erro na definição de quantidades;
- cliente cadastrado que solicita um produto não usual (novo) – evitando-se, assim, que ocorra erro na especificação do produto;
- cliente cadastrado que solicita local de entrega não usual – evitando-se, assim, que ocorra erro na especificação do local de entrega.

Essas ações resultaram em melhor desempenho organizacional e reduziram os transtornos com o pessoal da expedição.

Para monitorar o desempenho da distribuição física, é importante dispor de um sistema de medição de desempenho bem estruturado e que permita o planejamento, a análise e o monitoramento das atividades, as quais vão desde o processamento dos pedidos até a entrega ao cliente. Os principais indicadores para mensuração de desempenho da distribuição física são:

- **processamento do pedido**: o tempo mínimo, máximo e médio de processamento de pedidos e o percentual de pedidos processados nos prazos determinados;
- **armazenagem**: o tempo mínimo, máximo e médio de armazenagem e o nível de utilização da estrutura de armazenagem;
- **manuseio ou movimentação de materiais**: a quantidade de produtos movimentados por período e a quantidade de equipamentos e mão de obra necessária para o manuseio por período;
- **estocagem**: o percentual de falta no estoque por período e número de dias de estoque para suporte da operação e o giro de cada produto do estoque;
- **embalagem**: a qualidade, a resistência e a praticidade da embalagem;
- **expedição**: o percentual de produtos enviados aos clientes corretamente e o tempo mínimo, máximo e médio de carregamento do veículo de transporte;
- **transporte**: o percentual de pedidos entregues na data acordada com o cliente, as perdas, os danos, as reclamações dos clientes e o custo do transporte.

7.2 BENCHMARKING

O *benchmarking* pode ser definido como um processo contínuo e sistemático de avaliação de empresas reconhecidas como líderes da indústria para determinar os processos de negócios e de trabalho que representam as melhores práticas e, assim, estabelecer metas de desempenho racionais (Camp, 1989).

O nível intenso de atividade competitiva encontrado na maioria dos mercados levou a uma nova ênfase na medição de desempenho, não apenas em termos de resultados em números absolutos, mas em relação à concorrência e, também, à "melhor prática do mercado" (Christopher, 2013, p. 283). No passado, apenas mensurar o desempenho interno era, em geral, considerado suficiente; em outras palavras, o foco estava na produtividade, na qualidade, no custo, e assim por diante. Embora sejam evidentemente importantes essas medições do desempenho interno da empresa, também é necessário reconhecer que tais medidas só têm significado quando comparadas a uma "métrica" ou ao *benchmarking* (Christopher, 2013, p. 283).

O *benchmarking* é parte importante da mensuração para melhorar o desempenho logístico e comparar a empresa com concorrentes. É uma filosofia que cria um ponto de referência, ou caso básico, usando políticas ou padrões logísticos atuais, a fim de despertar a confiança de que os métodos usados para mensurar representam com exatidão os custos logísticos e o desempenho em serviços aos clientes (Ballou, 2006).

> *Benchmarking*: "é a medição contínua dos produtos, serviços, processos e práticas da empresa em relação aos padrões dos melhores concorrentes e outras empresas reconhecidas como líderes" (Christopher, 2013, p. 284).

De acordo com Zhou e Benton Jr. (2007), estudos de *benchmarking* podem proporcionar os seguintes benefícios:

- permitir que as empresas aprendam com as experiências dos outros;
- ajudar as empresas a analisar seus próprios níveis de desempenho em relação à concorrência;
- identificar as empresas com os mais altos níveis (ou menores) de desempenho e estudá-los para obter uma percepção melhor sobre as atividades que se correlacionam com alto desempenho (ou baixo).

> **Exemplo**: o Sistema de *Benchmarking* e Monitoramento de Arranjos Produtivos (Simap), desenvolvido pelo Observatório Tecnológico da Universidade Federal do Ceará (UFC), é uma ferramenta interativa que foi criada para ajudar empresas, agências de desenvolvimento e decisores políticos a identificar desafios e oportunidades em arranjos produtivos; portanto, destina-se a um ambiente colaborativo e cooperativo.

No Simap, as estatísticas sobre o desempenho no uso de práticas de excelência de cada empresa são armazenadas em uma base de dados. Fundamentada nessas informações, a empresa pode se comparar com a média do universo de empresas cadastradas por país ou região onde atua. O Simap também identifica as empresas que podem ser tomadas como referência – são *benchmarkings* de eficiência (*performance*) e eficácia (resultados) para outras empresas que atuam no mesmo setor.

O Simap é composto por 46 práticas de gestão, dentre as quais 12 são da gestão logística, mostradas no Quadro 7.2. Para cada prática de gestão, a empresa responde um questionário *on-line*, informando o percentual de utilização dessa prática numa escala de 0%, 25%, 50%, 75% e 100%. Com base nessas respostas, é possível comparar as empresas realizando o *benchmarking*.

Quadro 7.2 Práticas de gestão Simap

	0	25
Controle de estoques	Baixo controle, sem uso de sistemas ou de planilhas	Controle documentado apenas do produto acabado, com emprego de planilhas
Rotatividade de estoques	Baixo giro, sem monitoramento	Monitoramento parcial
Prestadores e operadores logísticos	Não considera importante e tem frota própria	Utiliza apenas transportador terceirizado
Manuseio	Não usa máquinas	Usa poucas máquinas padrão com muita interferência manual
Unitização	Não usa nenhum tipo	Usa paletes de qualquer tipo
Fluxo de materiais	Manual, controle visual	Planilha eletrônica ou *software*
Fluxo de informação	Consulta por telefone celular	Consulta por internet e *e-mail*
Fluxo financeiro	Informal	Individual
Transações comerciais	Manual	Pedidos pelo computador

(continua)

(Quadro 7.2 – conclusão)

	0	**25**
Controle de armazém	Manual ou controle visual	Planilha eletrônica ou *software*
Sistema de transportes	Informal	Planilha eletrônica ou *software*
Relacionamento na cadeia de suprimento	Relacionamentos curtos	Parcerias

50	**75**	**100**
Controle documentado do produto acabado e de estoques intermediários	Uso de sistemas interdependentes de controle de estoques	Sistema integrado de gerenciamento de estoque (integrado aos fornecedores)
Giro de estoques de 1 a 12 vezes ao ano	Giro de estoques entre 12 a 24 ao ano	Giro maior do que 24 vezes ao ano
Utiliza transporte terceirizado e outro serviço	Usa operador logístico com, pelo menos, três atividades logísticas	Usa operador com vistas ao integrador logístico (todo o canal logístico)
Usa máquinas-padrão e poucas máquinas específicas, com interferência humana	Sistema semiautomatizado com pouca interferência humana e ferramentas customizadas de manuseio	Maquinário específico; uso de sistemas completamente automatizados e de robótica
Usa palete específico e estantes	Usa palete específico e contenedores maiores	Usa vários tipos de contenedores
Uso de códigos de barras	RFID ou GPS	Contêiner inteligente
EDI	Rastreamento por satélite ou GPRS	Base de dados integrada na CS
Parcialmente integrado	Compartilhamento de banco de dados	Integração total
RC ou VMI	ECR e CRM	*Marketplace*
Uso de códigos de barras	Acompanhamento por telefone celular ou RFID	Sistema de gerenciamento de armazém (WMS)
Milk-run	GPS, *software* de roteamento	Sistema de gerenciamento de transporte (TMS)
Parcerias por longos períodos	Gerenciamento do relacionamento com fornecedores	Parcerias estratégicas

Fonte: Adaptado de Albertin et al., 2015, p. 940, tradução nossa.

As empresas geralmente utilizam o *benchmarking* para realizar a seleção de operadores logísticos com o objetivo de obter melhores níveis de serviços no sistema de distribuição em comparação com as operações realizadas internamente.

7.3 Desafios da distribuição física no mercado atual

A tendência para a globalização exige a coordenação de complexos fluxos de materiais e informações provenientes de uma multiplicidade de fontes, associados a uma grande diversidade de mercados, o que chama a atenção para a inadequação das estruturas existentes nas empresas para realizar essas tarefas. Com isso, estamos descobrindo que a força motriz para a mudança organizacional é a logística (Christopher, 2013, p. 282).

Competir e sobreviver no mercado global exige uma organização orientada para a logística e, para isso, é preciso passar do enfoque funcional para o de processo. Essa mudança requer um reagrupamento na organização, de forma que a gestão de fluxos interfuncionais de trabalho se torne a tarefa-chave (Christopher, 2013, p. 282).

> Os desafios da distribuição física na atualidade envolvem a integração das cadeias de suprimentos, a terceirização e/ou a quarteirização de processos, implicando a busca por integrar clientes e fornecedores de forma mais ágil e com menores custos.

Segundo Lima Junior (2007), ao traçar cenários atuais para logística, é preciso considerar pelo menos cinco grandes tendências:

1. Aumento da terceirização de ativos, o que pode levar a um aumento nas locações de infraestrutura. Por exemplo: atualmente, no Brasil, em torno de 80% das empresas já não têm transportes próprios e mais de 40% já terceirizaram a armazenagem.
2. Crescimento intenso na área da tecnologia da informação (TI), tanto para gestão quanto para automação de armazéns, eletrônica embarcada, comunicação e rastreamento veicular.

3. Atuação dos diversos atores nas cadeias de valores (produtivas) com forte propensão para operações colaborativas e integradas, visando a ganhos de escala, escopo e densidade. O sucesso do negócio hoje depende da competitividade da cadeia em que a empresa está inserida e não mais de sua atuação individual.
4. Formação de cadeias sustentáveis de suprimentos – que é a junção dos três itens anteriores mais os canais logísticos reversos –, buscando-se atingir objetivos econômicos, ambientais e de inclusão social.
5. Conhecimento tecnológico e gerencial. Como a obsolescência do conhecimento acontece a taxas cada vez maiores, surge a necessidade de requalificação permanente dos profissionais e atualização constante nas bases do conhecimento na área para que exista competência para tratar dos problemas de forma compatível com a realidade observada.

Exemplo: plataformas logísticas
Nos últimos anos, tem sido observada uma tendência de as organizações trabalharem em redes, criando, assim, plataformas logísticas – conceito que surgiu na década de 1960, na França, e está relacionado ao gerenciamento de operações, com o objetivo de reduzir o fluxo de mercadorias distribuído de maneira desordenada na periferia de grandes cidades. A resolução desse problema seria concentrar a distribuição para diminuir os custos logísticos implantando as plataformas.
Um exemplo de plataforma logística no Brasil é a Plataforma Logística Multimodal de Goiás (PLMG), localizada em Anápolis (GO).
É possível indicar algumas características que mostram a importância dessa plataforma:
a) concentra tudo o que é relacionado à eficácia logística e sua integração;
b) apoia as atividades de movimentação de carga;
c) em virtude de sua localização estratégica, é um centro de serviços de logística integrada com oportunidades de ganhos e contribui para consolidar os polos de desenvolvimento da região;

d) a infraestrutura de transportes relacionada inclui um distrito agroindustrial e um porto seco (estação aduaneira do interior) em um nó estratégico de distribuição de cargas de abrangência nacional e internacional;
e) quando concluída, a Ferrovia Norte-Sul será uma integradora multimodal e promoverá pela primeira vez no Brasil o conceito de central de inteligência logística, com acesso eficiente aos eixos de transporte rodoviário, ferroviário e aeroportuário, o que permitirá a integração com as principais rotas logísticas do país.

Fonte: Elaborado com base em Guimarães, 2009.

7.4 Uso da tecnologia da informação na distribuição física

A utilização de ferramentas de TI associadas ao gerenciamento logístico pode ser vista como um fator impulsionador que possibilita o alcance das metas estabelecidas pela organização, pois dispor de informações rápidas e precisas é decisivo para a eficácia do gerenciamento logístico nos níveis estratégico, tático e operacional (Bowersox; Closs, 2001).

Tecnologia da informação (TI): "recursos tecnológicos e computacionais para a geração e uso da informação. Esta fundamentada nos seguintes componentes: hardware e seus dispositivos periféricos, software e seus recursos; sistemas de telecomunicações e; gestão de dados e informações" (Rezende; Abreu, 2008, p. 52).

As aplicações de TI na distribuição são variadas e englobam tanto os equipamentos como os sistemas de informação. Combinadas, essas tecnologias permitem o gerenciamento integrado e eficiente de estoques, armazéns, transporte e processamento de pedidos (Figueiredo; Fleury; Wanke, 2000).

Alguns problemas enfrentados pela distribuição física e que são focalizados na implantação de tecnologia devem-se a níveis de inventário inadequados, a falhas de comunicação no transporte, a ordens de entrega não cumpridas e a problemas na transmissão de informações (Maçada; Feldens; Santos, 2007).

É importante destacar que a utilização da TI na distribuição torna o fluxo de informação mais preciso e mais veloz (*on-line*), gerando a automatização de alguns processos e atividades, o que resulta no aumento da produtividade. Assim, a TI proporciona para a distribuição física melhor utilização do ambiente virtual e permite que as atividades da distribuição sejam realizadas de forma mais rápida e com mais precisão. Como as trocas de informações podem ser realizadas em tempo real, o sistema se torna mais previsível e controlável.

Maçada, Feldens e Santos (2007, p. 4) dão alguns exemplos de como a TI pode ser usada na logística e na distribuição física:

- **Sistema de gestão de armazém (WMS)**: mantém o controle e o rastreamento do movimento de estoques por meio dos depósitos, desde o recebimento até a expedição e gerencia a utilização de recursos como espaço e pessoal.

- **Identificação por radiofrequência (RFID)**: é uma tecnologia que dá suporte a comunicações sem fio para leitura e transmissão de dados. Pode ser utilizada na cadeia de suprimento por meio de etiquetas rastreáveis que possibilitam o controle do posicionamento dos produtos.

- **Rastreamento de frotas**: são equipamentos de rastreamento de frotas são comumente utilizados em caminhões para acompanhar a localização e alimentar sistemas de informação. Esses equipamentos podem utilizar tecnologias como satélites ou sistemas celulares para a localização dos móveis.

- **Códigos de barras**: são etiquetas padronizadas utilizadas para identificação de produtos; esses códigos podem ser utilizados na aquisição de dados por parte dos sistemas de informações logísticas.

- **Intercâmbio eletrônico de dados (EDI)**: é um sistema para intercâmbio de dados por meio de tecnologia eletrônica que possibilita transmissões de dados mais ágeis entre parceiros da cadeia de suprimentos.

- **Estoque administrado pelo fornecedor (VMI)**: tem como objetivo proporcionar que os fornecedores, por meio de um sistema de EDI, possam verificar as necessidades que o cliente tem de adquirir um produto, no momento certo e na quantidade certa.

- **Compras eletrônicas (e-procurement):** são sistemas de automatização dos processos de compras, os quais podem utilizar a internet como plataforma para possibilitar maior integração com fornecedores.
- **Sistemas integrados de gestão (SIG):** têm como objetivo apoiar a gestão organizacional mediante a integração dos processos e operações da empresa, mantendo uma base unificada de informações.

> **Exemplo:** os sistemas de rastreabilidade de produtos utilizam dispositivos de *hardware*, como identificadores de leitura automática, código de barras ou identificadores por radiofrequência, e também *softwares* específicos que fornecem informações e dados em tempo real, além de relatórios gerenciais. Assim, permitem que as empresas acompanhem a entrega de seus produtos e ajudam a resolver, prevenir e eliminar problemas na distribuição física.

7.5 Distribuição física no comércio eletrônico

A possibilidade de realizar uma compra sem precisar ir a uma loja física altera a dinâmica dos produtos, dos processos e das relações entre clientes, empresas, fornecedores e intermediários, ou seja, todos os fluxos de materiais e informações que compõem a logística. Essas alterações causadas pelo comércio eletrônico (*e-commerce*) requerem uma reestruturação das estratégias de distribuição e dos modelos de negócios das organizações para acompanhar as exigências dos clientes e do mercado.

> **Comércio eletrônico (*e-commerce*):** é a realização de todo processo de negócio num ambiente eletrônico, por meio da intensa aplicação de TI, atendendo aos objetivos das organizações (Albertin, 2004).

Podemos afirmar que, sem dúvida, o comércio eletrônico alterou a forma de fazer negócios e distribuir produtos, pois a possibilidade de os clientes realizarem seus pedidos em qualquer dia e horário aumentou a complexidade relativa aos prazos de entrega e passou a exigir mais flexibilidade das empresas. Antes do comércio eletrônico, o canal de distribuição direta entre produtor e consumidor era pouco explorado. Contudo, na realidade atual, tornou-se essencial e, para que possa funcionar com sucesso, é necessária a aplicação de estratégias bem definidas de gestão da demanda e de estoques, a fim de se preverem as incertezas e de se atender à diversidade de produtos e aos prazos de entregas.

Um diferencial da distribuição direta é a eliminação de intermediários, o que também exige cautela, pois são justamente os intermediários que facilitam o fluxo de material no canal de distribuição, facilitando a comunicação entre fabricantes e consumidores.

O Quadro 7.3 resume alguns tipos possíveis de comércio eletrônico.

Quadro 7.3 Principais tipos de comércio eletrônico

		Consumidor	
		Pessoa jurídica	Pessoa física
Fornecedor	Pessoa jurídica	*Business to Business* (B2B) É o tipo dominante na internet e proporciona a negociação de empresa para empresa. Esse sistema é composto por empresas que utilizam a internet como ambiente transacional e busca atrair para um mesmo local todos os participantes de uma cadeia de valor.	*Business to Consumer* (B2C) Ocorre entre uma empresa e o consumidor, numa relação em que são realizadas transações entre uma pessoa jurídica (fornecedor) e uma pessoa física (consumidor), da qual fazem parte os *sites* que comercializam produtos em pequena quantidade (varejo).
	Pessoa física	*Consumer to Business* (C2B) É a transação realizada entre o consumidor e uma empresa, em que o fornecedor é a pessoa física e o consumidor é a pessoa jurídica.	*Consumer to Consumer* (C2C) Ocorre entre pessoas físicas, que são as fornecedoras e as consumidoras.
	Governo	*Government to Business* (G2B) Os negócios são feitos entre o governo e as empresas.	*Government to Consumer* (G2C) Os negócios são feitos entre o governo e os consumidores.

Fonte: Adaptado de Albertin, 2004, p. 249.

Para enfrentar adequadamente os desafios do comércio eletrônico, é importante entender como suas especificidades geram necessidades de novas soluções na distribuição física. A falta de conscientização sobre esse desafio é o que gera muitos dos problemas enfrentados pelas empresas de comércio virtual. No Quadro 7.4 constam as principais diferenças entre a distribuição tradicional e a do comércio eletrônico (Fleury; Monteiro, 2000).

Quadro 7.4 Principais diferenças entre a distribuição tradicional e a logística do comércio eletrônico

Critérios	Logística tradicional	Logística do comércio eletrônico
Tipo de carregamento	Paletizado	Pequenos pacotes
Clientes	Conhecidos	Desconhecidos
Tamanho médio do pedido	Mais de R$ 1.000,00	Menos de R$ 100,00
Destino dos pedidos	Concentrados	Altamente dispersos
Demanda	Estável e consistente	Incerta e fragmentada

Fonte: Adaptado de Fleury; Monteiro, 2000, p. 38.

O estudo de caso a seguir trata da estratégia que a Amazon utilizou para conseguir atender a seus clientes rapidamente.

Estudo de caso

ESTRATÉGIA DE DISTRIBUIÇÃO DA AMAZON

A empresa Amazon foi fundada em 1995, nos Estados Unidos, e rapidamente atingiu um grande sucesso de vendas, com um faturamento de US$ 1,7 bilhão em 4 anos, um feito inédito na história do varejo mundial.

Já no primeiro mês de funcionamento, a Amazon conseguiu vender livros em todos os 50 estados americanos e em 40 países diferentes ao redor do mundo. A estratégia adotada para esse rápido crescimento foi oferecer ao consumidor uma grande diversidade de livros em suas prateleiras virtuais – 10 vezes mais livros que os das livrarias tradicionais.

Outra estratégia importante foi a redução de estoque, com a manutenção de apenas 400 dos livros mais vendidos. O livro é comprado eletronicamente pelo *site* e, em seguida, a empresa solicita-o a um dos distribuidores que se localizam fisicamente mais perto dela ou solicita-o diretamente às editoras (atacadistas). Com isso, a Amazon consegue oferecer a seus clientes preços mais baixos, em razão do baixo custo de deslocamento e armazenamento, ou seja, ela utiliza a logística como uma atividade estratégica para a empresa. Além disso, consegue obter informações dos clientes e estabelecer um relacionamento com eles com base em seu comportamento de compra.

Fonte: Elaborado com base em Simchi-Levi; Kaminsky; Simchi-Levi, 2010.

SÍNTESE

Neste capítulo, mostramos a importância do sistema de avaliação de desempenho logístico e examinamos suas métricas. Além disso, abordamos como o *benchmarking* pode ser usado como uma métrica externa capaz de gerar uma vantagem competitiva para a organização.

Também foram analisados neste capítulo os desafios da logística e da distribuição física no mercado atual. Esses desafios envolvem a integração das cadeias de suprimentos, a terceirização e/ou quarteirização de processos para integrar clientes e fornecedores.

Por último, tratamos da utilização da TI e do comércio eletrônico na distribuição física. A TI possibilita aos gestores da distribuição física dispor de informações rápidas e precisas para o gerenciamento logístico nos níveis estratégico, tático e operacional.

O comércio eletrônico alterou a forma de fazer negócios e distribuir produtos, pois a possibilidade de os clientes realizarem seus pedidos em qualquer dia e horário aumentou a complexidade relativa aos prazos de entrega e passou a exigir mais flexibilidade das empresas e dos sistemas de distribuição física.

Questões para revisão

1. Com relação à avaliação de desempenho logístico, indique se as afirmações a seguir são verdadeiras (V) ou falsas (F):

    ( ) Os modelos de avaliação de desempenho logístico devem atender a quatro pontos relevantes para a análise: abrangência, universalidade, mensurabilidade e consistência.

    ( ) As medidas de desempenho logístico podem ser classificadas em mensuração interna e externa. A mensuração interna é realizada para monitorar e manter uma perspectiva orientada ao cliente, além de captar ideias inovadoras de outros setores.

2. Trata-se de um dos métodos utilizados para a mensuração, com o objetivo de melhorar o desempenho logístico, e que se fundamenta no aprimoramento de modelos já utilizados por parceiros ou concorrentes. A que ferramenta essa definição se refere?

    a) *Cross-docking*.
    b) *Milk-run*.
    c) Comércio eletrônico (*e-commerce*).
    d) *Benchmarking*.
    e) Nenhuma das alternativas anteriores.

3. Marque a afirmativa correta sobre os tipos de comércio eletrônico:

    a) O B2C é relacionado à abertura de canais de distribuição entre os fabricantes e os consumidores finais.
    b) O B2B é relacionado aos negócios feitos entre o governo e as empresas.
    c) O C2C é relacionado à abertura de canais de distribuição entre o consumidores finais e uma empresa.
    d) O G2C é relacionado aos negócios entre o governo e os consumidores.
    e) Nenhuma das alternativas anteriores.

4. Cite três tendências da logística atual.

5. Qual é a importância de um sistema de avaliação de desempenho para a logística?

Questões para reflexão

1. Explique os três conceitos-chave que envolvem a avaliação de desempenho logístico.

2. Cite dez características de uma boa medida de desempenho.

3. Descreva como as medidas de desempenho podem ser classificadas.

4. O que é *benchmarking*? Quais são os benefícios da utilização do *benchmarking* para a logística?

5. Por que o uso da tecnologia da informação e o comércio eletrônico se constituem em desafios para o gerenciamento logístico?

Para saber mais

Site

UFC – Universidade Federal do Ceará. Observatório Tecnológico. Disponível em: <http://www.ot.ufc.br/>. Acesso em: 27 maio 2016.

Acessando esse *site*, você poderá saber mais sobre *benchmarking* e indicadores de desempenho.

Livro

KOHL, H.; ALBERTIN, M. R.; ELIAS, S. J. B. **Manual de benchmarking**: um guia para implantação bem-sucedida. Fortaleza: Ed. da UFC, 2016.

Esse livro é um referencial para aqueles que querem se especializar em *benchmarking*, pois apresenta os principais conceitos e aplicações relacionadas ao tema.

PARA CONCLUIR...

Neste livro, buscamos descrever, de forma introdutória e objetiva, os principais tópicos relacionados à logística de distribuição, também conhecida como *distribuição física*.

Como demonstramos, a logística de distribuição engloba as atividades necessárias para colocar produtos e serviços à disposição do consumidor por meio de diferentes tipos e formas de canais de distribuição, como atacado e varejo, que interligam os fabricantes ao mercado.

O objetivo da distribuição física é levar o produto ao cliente com rapidez, qualidade e baixo custo, adicionando valor e obtendo a satisfação e fidelização do consumidor. Assim, nessa área, destacam-se atividades como transporte, armazenagem, controle de estoques, manuseio de materiais, gerenciamento de pedidos, embalagem e processamento de pedidos.

Ao apresentarmos em detalhes todas essas etapas e processos, procuramos exemplificar os conceitos abordados para facilitar sua compreensão e despertar em você o interesse pela área de logística, mais especificamente pela distribuição física. Tenha certeza de que o entendimento sobre os componentes da distribuição física (veículos, informação, pessoas, estruturas físicas, entre outros), descritos ao longo deste livro, pode contribuir largamente para sua percepção crítica sobre a importância estratégica e operacional da distribuição física na logística e nas cadeias de suprimentos. O grande desafio dessa área é, sem dúvida, a coordenação das atividades e dos relacionamentos para a obtenção de melhores resultados.

Esperamos que você ao chegar ao final desta obra, tenha apurado seu entendimento a respeito dos problemas que podem acontecer nos sistemas de distribuição física e seja capaz de elaborar soluções para esses casos, conseguindo, acima de tudo, aplicar esse conhecimento a sua própria experiência profissional.

Lista de abreviaturas e siglas

B2B	*Business to Business*	Comércio eletrônico entre empresas
B2B	*Business to Consumer*	Comércio eletrônico entre empresa e consumidor
CRM	*Customer Relationship Management*	Gestão de relacionamento com o cliente
CRP	*Continuous Replenishment Program*	Programa de ressuprimento contínuo
CSCMP	*Council of Supply Chain Management Professionals*	Conselho dos Profissionais em Gestão da Cadeia de Suprimentos
C2B	*Consumer to Business*	Comércio eletrônico entre consumidor e empresa
C2C	*Consumer to Consumer*	Comércio eletrônico entre consumidores
ECR	*Efficient Consumer Response*	Resposta eficiente ao consumidor
EDI	*Electronic Data Interchange*	Intercâmbio eletrônico de dados
G2B	*Government to Business*	Comércio eletrônico entre governo e empresa
G2C	*Government to Consumer*	Comércio eletrônico entre gorverno e consumidor
GPS	*Global Positioning System*	Sistema de posicionamento global
RFID	*Radio-Frequency IDentification*	Identificação por radiofrequência
SCM	*Supply Chain Management*	Gestão da cadeia de suprimentos
SCOR	*Supply Chain Operations Reference*	Modelo de Referência para Operações de Cadeias de Suprimentos
SIG	*Geographic Information System*	Sistema de informação geográfica

SRM	*Supplier Relationship Management*	Gestão do relacionamento com Fornecedores
TI	*Information Technology*	Tecnologia da informação
TMS	*Transportation Management System*	Sistema de gerenciamento de transporte
VMI	*Vendor Managed Inventory*	Estoque gerenciado pelo fornecedor
WMS	*Warehouse Management System*	Sistema de gerenciamento de armazém
VRP	*Vehicle Routing Problem*	Problema de roteirização de veículos
3PL	*Third-Party Logistics*	Terceirização logística
4PL	*Fourth-Party Logistics*	Quarteirização logística

Referências

ABNT – Associação Brasileira de Normas Técnicas. **NBR ISO 9000**: sistemas de gestão da qualidade – fundamentos e vocabulário. Rio de Janeiro. 2005.

ALBERTIN, A. L. **Comércio eletrônico**: modelo, aspectos e contribuições de sua aplicação. São Paulo: Atlas, 2004.

ALBERTIN, M. R. et al. Flexible Benchmarking: a New Reference Model. **Benchmarking**, Bradford, v. 22, p. 920-944, 2015.

ALVARENGA, A. C.; NOVAES, A. G. N. **Logística aplicada**: suprimento e distribuição física. 3. ed. São Paulo: E. Blücher, 2000.

ASSAD, A. A. Modeling and Implementation Issues in Vehicle Routing. In: GOLDEN, B. L.; ASSAD, A. A. (Ed.). **Vehicle Routing**: Methods and Studies. Amsterdam, 1988.

ATKINSON, A. A. et al. **Contabilidade gerencial**. 2. ed. São Paulo: Atlas, 2000.

BALLOU, R. H. **Gerenciamento da cadeia de suprimentos/logística empresarial**. 5. ed. São Paulo: Bookman, 2006.

_____. **Logística empresarial**: transportes, administração de materiais e distribuição física. São Paulo: Atlas, 1993.

BEAMON, B. M. Supply Chain Design and Analysis: Models and Methods. **International Journal of Production Economics**, v. 55, n. 3, p. 281-294, 1998.

_____. Performance Measures in Supply Chain Management. In: CONFERENCE ON AGILE AND INTELLIGENT MANUFACTURING SYSTEMS, 1996, Troy, NY. **Proceedings...** Troy, NY, 1996.

BERTAGLIA, P. R. **Logística e gerenciamento da cadeia de abastecimento**. São Paulo: Saraiva, 2003.

BOWERSOX, D. J.; CLOSS, D. J. **Logística empresarial**: o processo de integração da cadeia de suprimento. São Paulo: Atlas, 2001.

BOWERSOX, D. J.; CLOSS, D. J.; COOPER, M. B. **Gestão logística de cadeias de suprimentos**. Porto Alegre: Bookman, 2006.

BRASIL. Lei n. 12.619, de 30 de abril de 2012. **Diário Oficial da União**, Poder Legislativo, Brasília, DF, 2 maio 2012. Disponível em: <http://www.planalto.gov.br/ccivil_03/_ato2011-2014/2012/lei/l12619.htm>. Acesso em: 28 maio 2017.

CAMP, R. C. **Benchmarking**: the Search for Industry Best Practices that Lead to Superior Performance. Milwaukee: ASQC Quality Press, 1989.

CHANDRASHEKAR, A.; SCHARY, P. B. Toward the Virtual Supply Chain: the Convergence of IT and Organization. **International Journal of Logistics Management**, v. 10, n. 2, p. 27-39, 1999.

CHING, H. Y. **Gestão de estoques na cadeia de logística integrada**: Supply Chain. São Paulo: Atlas, 2009.

CHO, D. W. et al. A Framework for Measuring the Performance of Service Supply Chain Management. **Computers & Industrial Engineergin**, v. 62, n. 3, p. 801-818, 2012.

CHOPRA, S.; MEINDL, P. **Gerenciamento da cadeia de suprimentos**: estratégia, planejamento e operação. São Paulo: Prentice Hall, 2003.

_____. _____. 4. ed. São Paulo: Pearson Prentice Hall, 2011.

CHRISTOPHER, M. **Logística e gerenciamento da cadeia de suprimentos**. 4. ed. São Paulo: Cengage Learning, 2013.

COOPER, M. C.; GARDNER, J. Building Good Business Relationships: More than Just Partnering or Strategic Alliances. **International Journal of Physical Distribution & Logistics Management**, v. 23, n. 6, p. 14-26, 1993.

COOPER, M. C.; LAMBERT, D. M.; PAGH, J. D. Supply Chain Management: More than a New Name for Logistics. **The International Journal of Logistics Management**, v. 8, n. 1, p. 1-14, 1997.

CORRÊA, H. L. **Administração de cadeias de suprimento e logística**: o essencial. São Paulo: Atlas, 2014.

CORRÊA, H. L.; CORRÊA, C. A. **Administração da produção e operações**: manufatura e serviços – uma abordagem estratégica. 2. ed. São Paulo: Atlas, 2012.

COUGHLAN, A. T. et al. **Canais de marketing e distribuição**. 6. ed. Porto Alegre: Bookman, 2002.

CSCMP – COUNCIL OF SUPPLY CHAIN MANAGEMENT PROFESSIONALS. **CSCMP Supply Chain Management Definitions and Glossary**. Disponível em: <http://cscmp.org/imiso/CSCMP/Educate/SCM_Definitions_and_Glossary_of_Terms/CSCMP/Educate/SCM_Definitions_and_Glossary_of_Terms.aspx?hkey=60879588-f65f-4ab5-8c4b-6878815ef921>. Acesso em: 28 maio 2017.

CUNHA, C. B. da. Aspectos práticos da aplicação de modelos de roteirização de veículos a problemas reais. Transportes, v. 8, n. 2, p. 51-74, 2000. Disponível em: <https://www.revistatransportes.org.br/anpet/article/view/188/170>. Acesso em: 28 maio 2017.

_____. **Uma contribuição para o problema de roteirização de veículos com restrições operacionais**. Tese (Doutorado em Engenharia de Transportes) – Universidade de São Paulo, São Paulo, 1997.

DEELY, P. G. Activity-based Costing what to Measure and How. In: **Annual Conference of The Council of Logistics Management**, Cincinnati, Ohio, 1994.

DELPIM, T. S. M. **Gestão dos processos logísticos**: um enfoque sobre a ótica da controladoria. 112 f. Dissertação (Mestrado em Engenharia de Transporte) – Instituto Militar de Engenharia, Rio de Janeiro, 2012.

DIAS, M. A. **Administração de materiais**: uma abordagem logística. 4. ed. São Paulo: Atlas, 1993.

_____. **Logística, transporte e infraestrutura**: armazenagem, operador logístico, gestão via TI e multimodal. São Paulo: Atlas, 2012.

DIAS, T. F. **Avaliação de indicadores operacionais**: estudo de caso de uma empresa do setor ferroviário. Monografia (Graduação em Engenharia de Produção) – Universidade Federal de Juiz de Fora, Juiz de Fora, 2008.

DORNIER, P. P. et al. **Logística e operações globais**: texto e casos. São Paulo: Atlas, 2000.

ENOMOTO, L. M.; LIMA, R. da S. Análise da distribuição física e roteirização em um atacadista. **Produção**, São Paulo, v. 17, n. 1, p. 94-108, jan./abr. 2007.

FARAH JUNIOR, M. Os desafios da logística e os centros de distribuição física. **Revista FAE Business**, Curitiba, n. 2, p. 1-3, jun. 2002.

FARIA, A. C.; COSTA, M. F. G. **Gestão dos custos logísticos**. São Paulo: Atlas, 2005.

FIGUEIREDO, K. F.; FLEURY, P. F.; WANKE, P. **Logística e gerenciamento da cadeia de suprimentos**. São Paulo: Atlas, 2006.

_____.**Logística empresarial**: a perspectiva brasileira. São Paulo: Atlas, 2000.

FISHER, C. H. What is the Right Supply Chain for Your Product? **Harvard Business Review**, v. 2, n. 75, p. 105-116, 1997.

FLEURY, P. F.; MONTEIRO, F. J. R. C. O desafio logístico do e-commerce. **Revista Tecnologística**, São Paulo, ano 6, n. 56, p. 34-40, jul. 2000.

FRANCESCHINI, F. et al. Outsourcing: Guidelines for a Structured Approach. **Benchmarking**, Bradford, v. 10, n. 3, p. 246-260, 2003.

FREIRES, F. **Proposta de um modelo de gestão dos custos da cadeia de suprimentos**. 135 f. Dissertação (Mestrado em Engenharia de Produção) – Universidade Federal de Santa Catarina, Florianópolis, 2000.

GATTI JUNIOR, W. De operador a integrador logístico: um estudo de caso na indústria de saúde animal. **Revista Gestão Industrial**, v. 7, n. 2, p. 89-111, 2011.

_____. De operador a integrador logístico: uma proposta conceitual no contexto dos processos do gerenciamento da cadeia de suprimentos. In: ENCONTRO DA ASSOCIAÇÃO NACIONAL DE PÓS-GRADUAÇÃO E PESQUISA EM ADMINISTRAÇÃO, 23., 2009, São Paulo. **Anais...** São Paulo: Anpad, 2009. Disponível em: <http://www.anpad.org.br/admin/pdf/GOL414.pdf>. Acesso em: 28 maio 2017.

GUIMARÃES, W. R. **Modelo para desenvolvimento de uma plataforma multimodal**: estudo de caso da plataforma logística multimodal de Goiás. Dissertação (Mestrado em Sociedade e Tecnologia e Meio Ambiente) – Centro Universitário de Anápolis, Anápolis, 2009.

GUNASEKARAN, A.; PATEL, C.; MCGAUGHEY, R. E. A Framework for Supply Chain Performance Measurement. **International Journal of Production Economics**, Cambridge, v. 87, n. 3, p. 333-347, 2004.

HARRISON, A.; HOEK, R. V. **Estratégia e gerenciamento de logística**. São Paulo: Futura, 2003.

KAMINSKI, L. A. **Proposta de uma sistemática de avaliação dos custos logísticos da distribuição física de uma distribuidora de suprimentos industriais**. 131 f. Dissertação (Mestrado em Engenharia) – Universidade Federal do Rio Grande do Sul, Porto Alegre, 2004.

KAPLAN, R. S.; COOPER, R. **Custo e desempenho**: administre seus custos para ser mais competitivo. São Paulo: Futura, 1998.

KEEGAN, W. J. **Marketing global**. São Paulo: Pearson Prentice Hall, 2005.

KOBAYASHI, S. **Renovação da logística**: como definir as estratégias de distribuição física global. São Paulo: Atlas, 2000.

KOTLER, P. **Administração de marketing**: a edição do novo milênio. 10. ed. São Paulo: Pearson Prentice Hall, 2000.

KOTLER, P.; ARMSTRONG G. **Princípios de marketing**. 9. ed. São Paulo: Pearson Education, 2003.

KOTLER, P.; HAYES, T.; BLOOM, P. N. **Marketing de serviços profissionais**: estratégias inovadoras para impulsionar sua atividade, sua imagem e seus lucros. 2. ed. São Paulo: Manole, 2002.

KPMG TRANSACTION AND FORENSIC SERVICES LTDA.; MATTOS FILHO, VEIGA FILHO, MARREY JR. E QUIROGA ADVOGADOS; FDC – Fundação Dom Cabral. **Operadores logísticos (OLs)**: panorama setorial, marco regulatório e aspectos técnico-operacionais. São Paulo: Associação Brasileira de Operadores Logísticos, 2015. Disponível em: <http://abolbrasil.org.br/pdf/MARCO-REFERENCIAL-OPERADOR-LOGISTICO-ABOL-Sum.Exec.-SE.pdf>. Acesso em: 28 maio 2017.

LAMBERT, D. M. Developing a Customer Focused Logistics Strategy. **International Journal of Physical Distribution and Logistics Management**, v. 22, n. 6, p. 12-19, 1992.

LAMBERT, D. M.; COOPER, M. C. Issues in Supply Chain Management. **Industrial Marketing Management**, v. 29, n. 1, p. 65-83, 2000.

LAMBERT, D. M.; COOPER, M. C.; PAGH, J. D. Supply Chain Management: Implementation Issues and Research Opportunities. **The International Journal of Logistics Management**, Flórida, v. 9, n. 8, p. 1-19, 1998.

LAPORTE, G. The Vehicle Routing Problem: an Overview of Exact and Approximate Algorithms. **European Journal of Operational Research**, v. 59, n. 3, p. 345-358, 1992.

LEITE, M. S. A. **Proposta de uma modelagem de referência para representar sistemas complexos**. 422 f. Tese (Doutorado em Engenharia de Produção) – Universidade Federal de Santa Catarina, Florianópolis, 2004.

LI, X. et al. The Design and Realization of Four Party Logistics. **IEEE International Conference on Systems, Man and Cybernetics**, v. 1, n. 5-8, p. 838-842, 2003.

LIEB, R. The 3PL Industry: Where it's Been, where it's Going. **Supply Chain Management Review**, v. 6, p. 20-27, 2005.

LIMA, L. R. R. **A evolução dos prestadores de serviços logísticos no Brasil**: o surgimento dos 4PLs. 139f. Dissertação (Mestrado em Engenharia de Produção) – Programa de Pós-Graduação em Engenharia de Produção, Universidade Federal de Santa Catarina, Florianópolis, 2004.

LIMA JUNIOR, O. F. Inovação e tendência para a logística no século XXI. **Revista Mundo Logística**, v.1, p.34-41, 2007.

MAÇADA, A. C. G.; FELDENS, L. F.; SANTOS, A. M. Impacto da tecnologia da informação na gestão de cadeias de suprimentos: um estudo de casos múltiplos. **Gestão & Produção**, São Carlos, v. 14, n. 1, p. 1-12, jan./abr. 2007.

MANNING, K. H. Distribution Channel Profitability. **Management Accounting**, Montvale, v. 76, n. 7, p. 44-48, 1998.

MARQUES, C. F.; ODA, E. **Atividades técnicas na operação logística**. Curitiba: Iesde, 2012.

MARTINS, E. **Contabilidade de custos**. 7. ed. São Paulo: Atlas, 2000.

MARTINS, R. S. et al. Gestão do transporte orientada para os clientes: nível de serviço desejado e percebido. **RAC**, Curitiba, v. 15, n. 6, p. 1100-1119, nov./dez. 2011.

MEGIDO, J. L. T.; SZULCSEWSKI, C. J. **Administração estratégica de vendas e canais de distribuição**. São Paulo: Atlas, 2002.

MENTZER, J. T. et al. Defining Supply Chain Management. **Journal of Business Logistics**, v. 22, n. 2, p. 1-25, 2001.

MOURA, R. A. **Manual de logística**: armazenagem e distribuição física. São Paulo: IMAN, 1997.

NAZÁRIO, P. O papel do transporte na estratégia logística. In: FLEURY, P. F.; WANKE, P.; FIGUEIREDO, K. F. (Org.). **Logística empresarial**: uma perspectiva brasileira. São Paulo: Atlas, 2000. p. 126-132.

NOVAES, A. G. **Logística e gerenciamento da cadeia de distribuição**. 2. ed. Rio de Janeiro: Elsevier, 2007.

OLIVEIRA, M. V. S. S. et al. Rapidão Cometa e Fedex: o mundo ao alcance de uma transportadora pernambucana. In: ENCONTRO ANUAL DA ASSOCIAÇÃO NACIONAL DE PÓS-GRADUAÇÃO E PESQUISA EM ADMINISTRAÇÃO, 28., 2004.

PEPPERS, D.; ROGERS, M. **Marketing um a um**. 3. ed. São Paulo: Campus, 2004.

PEREIRA, D. S. **Modelo de distribuição física em uma indústria alimentícia**. Monografia (Graduação em Engenharia de Produção) – Universidade de São Paulo, 2004.

PIMENTA, M. L.; SILVA, A. L.; YOKOYAMA, M. H. Integração entre logística e marketing: fatores críticos na perspectiva de interação e colaboração. **REAd**, Porto Alegre, v. 17, n. 3, p. 716-741, 2011.

PIRES, S. R. I. **Gestão da cadeia de suprimentos**: conceitos, estratégias, práticas e casos. São Paulo: Atlas, 2004.

POHLEN, T. L.; LALONDE, B. J. Implementing Activity-based Costing (ABC) in Logistics. **Journalof Business Logistics**, v. 15, n. 2, p. 1-24, 1994.

PONTES, H. L. K.; CARMO, B. B. T.; PORTO, A. J. V. Problemas logísticos na exportação brasileira da soja em grão. **Sistemas & Gestão**, Rio de Janeiro, v. 4, n. 2, p. 155-181, maio/ago. 2009.

PORTER, M. **Vantagem competitiva**: criando e sustentando um desempenho superior. Rio de Janeiro: Campus, 1989.

REZENDE, D. A.; ABREU, A. F. **Tecnologia da informação aplicada a sistemas de informação empresariais:** o papel estratégico da informação e dos sistemas de informação nas empresas. 5. ed. São Paulo: Atlas, 2008.

RIEGEL, V.; PEREIRA, M. L. A. **Pão de Açúcar Mais**: o desafio do relacionamento. Central de Cases. Escola Superior de Publicidade e Marketing, 2010.

ROSA, A. C. **Gestão do transporte na logística de distribuição física**: uma análise da minimização do custo operacional. 90 f. Dissertação (Mestrado em Gestão em Desenvolvimento Regional) – Universidade de Taubaté, Taubaté, 2007.

ROSENBLOOM, B. **Canais de marketing**: uma visão gerencial. São Paulo: Atlas, 2002.

SEREGUETTI, R. D. L.; SILVA, R. V. A cadeia de distribuição de órgãos humanos para fins de transplante: estudo de caso para transplante renal. **Revista de Logística da Fatec**, Carapicuíba, v. 2, n. 2, p. 63-74, 2011.

SIMCHI-LEVI, D.; KAMINSKY, P.; SIMCHI-LEVI, E. **Cadeia de suprimentos, projeto e gestão**: conceitos, estratégias e estudos de caso. 3. ed. Porto Alegre: Bookman, 2010.

SIMON, A. T.; PIRES, S. R. I. Metodologia para análise da gestão da cadeia de suprimentos: estrutura, processos de negócio e componentes de gestão. **Revista de Ciência & Tecnologia**, v. 11, n. 22, p. 57-66, jul./dez. 2003.

SLACK, N. et al. **Administração da produção**. São Paulo: Atlas, 1997.

STERN, L. W.; EL-ANSARY A. I.; COUGHLAN, A. T. **Marketing Channels**. 5. ed. Englewood Cliffs: Prentice-Hall, 1996.

STEWART, G. Supply-chain Operations Reference Model (SCOR): the First Cross-industry Framework for Integrated Supply-chain Management. **Logistics Information Management**, v. 10, n. 2, p. 62-67, 1997.

TAYLOR, D. A. **Logística na cadeia de suprimentos**: uma perspectiva gerencial. São Paulo: Pearson Addison-Wesley, 2005.

VALENTE, A. M.; PASSAGLIA, E.; NOVAES, A. G. **Gerenciamento de transporte e frotas**. São Paulo: Cengage Learning, 2008.

VIVALDINI, M.; SOUZA, F. B. O relacionamento colaborativo na cadeia de suprimentos do McDonald's. In: ENCONTRO NACIONAL DE ENGENHARIA DE PRODUÇÃO (ENEGEP), 26., 2006, Fortaleza.

WIN, A. The Value a 4PL Provider can Contribute to an Organisation. **International Journal of Physical Distribution & Logistics Management**, v. 38, n. 9, p. 674-684, 2008.

ZHOU, H.; BENTON JR., W. C. Supply Chain Practice and Information Sharing. **Journal of Operations Management**, v. 25, n. 6, p. 1348-1365, 2007.

Respostas[1]

Capítulo 1

Questões para revisão

1. F

   A definição correta é: rede de empresas interligadas e interdependentes, com trabalho conjunto, em regime de cooperação mútua, para controlar, gerenciar e aperfeiçoar o fluxo de matérias-primas e as informações dos fornecedores para os clientes finais.

2. V

3. c

4. Logística de suprimentos – exemplo: suprimento de etanol em distribuidoras por meio das usinas fabricantes de etanol.

   Logística interna – exemplo: manuseio de carnes bovinas por meio de paletes e empilhadeiras em um centro de distribuição de uma empresa do ramo frigorífico.

   Logística de distribuição – exemplo: distribuição física de cosméticos pelo canal de distribuição direto entre o fabricante e suas revendedoras.

5. A gestão da cadeia de suprimentos envolve uma substancial mudança de paradigma. Nesse sentido, é preciso que as organizações envolvidas abandonem a postura dos tradicionais relacionamentos distantes e até mesmo antagônicos, como muito frequentemente ocorreu no passado nas relações entre compradores e fornecedores. Esse comportamento deve ser substituído por uma postura de cooperação e de confiança, de tal maneira que todos os agentes envolvidos no processo compreendam que existem benefícios de sinergia decorrentes da atitude cooperativa.

---

[1] As fontes citadas nesta seção constam na lista final de referências.

Questões para reflexão

1. A logística consiste no processo de gerenciar a aquisição, movimentação, estocagem e armazenagem de materiais, peças e produtos acabados (e os fluxos de informações correlatas), de modo a maximizar as lucratividades presentes e futuras por meio do atendimento dos pedidos a baixo custo. Assim, as atividades da logística podem ser divididas em suprimento, logística interna e distribuição. A logística de suprimentos consiste em atividades logísticas entre os fornecedores e a produção; a logística interna, em atividades logísticas de apoio à manufatura; e a logística de distribuição, em atividades logísticas após a produção até a entrega ao cliente.

2. GCS é a administração integrada dos processos principais de negócios envolvidos com fluxos físicos, financeiros e de informações, englobando desde os produtores originais de insumos básicos até o consumidor final, no fornecimento de bens, serviços e informações, de forma a agregar valor para os clientes.

3. Atualmente, para terem vantagem competitiva, as empresas necessitam da colaboração dentro de uma estrutura de fluxos de produtos e informações. Essa colaboração somente é possível por meio da gestão da cadeia de suprimentos, que resulta de esforços para alinhar operacionalmente a empresa com seus clientes, bem como com as redes de apoio de distribuidores e fornecedores. As operações precisam ser integradas desde a compra inicial de material até a entrega de bens e serviços aos clientes.

4. A globalização também teve efeito sobre as cadeias de suprimentos, que passaram a ser globais, com fornecedores e clientes espalhados por diferentes locais do mundo. Isso aumenta a complexidade da gestão da cadeia de suprimentos, pois a integração e a sinergia das cadeias passam a ser mais complexas e dinâmicas.

5. A distribuição é um fator-chave da lucratividade geral de uma empresa, pois afeta diretamente tanto o custo da cadeia de suprimentos quanto o nível de serviço ao cliente. A distribuição física apropriada pode ser usada para alcançar diversos objetivos da cadeia de suprimentos, do baixo custo à alta responsividade.

Capítulo 2

Questões para revisão

1. F (A definição de métodos de processamento é um elemento de transação.)
   V
2. b
3. c
4. O SRM é responsável pela integração entre a empresa e os fornecedores imediatos e os fornecedores de seus fornecedores. Já o CRM é responsável pela integração com os clientes imediatos e os clientes e seus clientes.
5. **Disponibilidade**: refere-se à capacidade de ter o produto em estoque no momento em que ele é desejado pelo cliente;
   Desempenho operacional: refere-se ao ciclo de atividades quanto à velocidade, consistência, flexibilidade, falhas e recuperação;
   Confiabilidade: refere-se à qualidade, isto é, determina a capacidade de manter níveis de disponibilidade de estoque e desempenho operacional planejado (Bowersox; Closs, 2001).

Questões para reflexão

1. O *marketing* materializa as transações entre comprador e vendedor, bem como proporciona que os clientes tenham consciência dos atributos de um produto ou serviço. A logística atende às necessidades de lugar e tempo dos clientes, ou seja, disponibiliza os produtos ou serviços no lugar e no momento desejados pelo cliente.
2. O produto é o foco principal de um sistema logístico. Para fornecer um bom serviço ao cliente, faz-se necessária a categorização do produto a fim de identificar diferentes agrupamentos genéricos de produtos.
3. O serviço ao cliente na logística é o resultado de ações logísticas adotadas pelas organizações, com o objetivo de criar valor por meio de atividades dotadas de qualidade superior. Essas ações logísticas abrangem investimentos em mão de obra, equipamentos, treinamentos, tecnologia de informação, entre outros.

4. Elementos pré-transacionais:
   - A política de atendimento ao cliente da empresa é comunicada interna e externamente?
   - É fácil entrar em contato e fazer negócio com a empresa?
   - Há uma estrutura de gestão de atendimento ao cliente em funcionamento?

   Elementos transacionais:
   - Qual é a confiabilidade do tempo de ciclo do pedido?
   - Qual percentual da demanda de cada item pode ser satisfeito pelo estoque?
   - Os problemas de um pedido são informados aos clientes ou estes entram em contato com a empresa?

   Elementos pós-transacionais:
   - Quais são os níveis de estoque de peças sobressalentes?
   - É possível identificar a localização de cada produto, uma vez adquirido?
   - Até que ponto a empresa atende prontamente às reclamações e aos pedidos de devolução?

5. O CRM é um "conjunto de aplicativos, em geral com intenso suporte de *software*, que centraliza as estratégias e ferramentas que apoiam a empresa na organização e no gerenciamento do relacionamento com seus clientes". O CRM possibilita aprender mais sobre as necessidades e o comportamento de clientes com a finalidade de desenvolver um serviço ao cliente mais eficaz.

Capítulo 3

Questões para revisão

1. b
2. d
   No *cross-docking* os produtos são distribuídos continuamente, dos fornecedores para os clientes, por meio de armazéns ou centros de distribuição. A distribuição física dos produtos é redirecionada sem uma estocagem prévia. Entretanto, raramente os armazéns mantêm os produtos por mais de 15 horas. Essa estratégia permite que as entregas sejam realizadas em menor tempo, disponibilizando maior espaço físico para estocagem.

3.
F (O centro de distribuição, em suas funções, não é responsável pela definição do número de rotas de transporte para entrega dos produtos.)
V
V

4.
a) Processamento do pedido: várias atividades estão incluídas no ciclo de pedido do cliente: preparação – "engloba as atividades relacionadas com a coleta das informações necessárias sobre os produtos e serviços pretendidos e a requisição formal dos produtos a serem adquiridos"; e transmissão – "envolve a transferência dos documentos do pedido do seu ponto de origem para aquele em que pode ser manuseado" (Ballon, 2006, p. 122, 123).

b) Armazenagem: consiste em armazenar os itens em locais específicos no armazém ou no CD – em prateleiras, estantes, tanques, estrados ou até mesmo no solo, muitas vezes sobre protetores de umidade (Bertaglia, 2003).

c) Manuseio ou movimentação de materiais: consiste nas movimentações de produtos dentro do armazém ou do CD. Quando o pedido é processado, é necessário selecionar os produtos solicitados e levá-los a um local de expedição (Bowersox; Class; Cooper, 2006).

d) Estocagem: consiste, basicamente, nas atividades de fluxo e gestão de materiais no armazém e no ponto destinado à locação estática destes. Dentro de um armazém, podem existir vários pontos de estocagem (Moura, 1997).

e) Embalagem: é normalmente analisada sob dois enfoques – como meio de sensibilizar o consumidor, em que o foco principal é o *marketing*, ou como fator industrial, em que o foco está na logística/distribuição (Bowersox; Class; Cooper, 2006).

f) Expedição: corresponde ao processo de carregar e pesar o veículo, emitir a documentação referente ao produto carregado e liberar o veículo para o transporte até a demanda (Bertaglia, 2003).

g) Transporte: corresponde à movimentação física do produto desde o fornecedor até o cliente. Para a realização do transporte, é necessário um planejamento e uma programação adequadas.

5. O primeiro passo seria avaliar o mercado real e o potencial para a bola de futebol para não ter problema de grande oferta e falta de demanda. Além disso, seria necessário determinar as características dos clientes (segmentação), em termos de números de clientes, dispersão geográfica e frequência de compra, buscando-se eliminar o superdimensionamento de estoque. Na sequência, seria preciso analisar as características dos produtos quanto ao grau de padronização e às necessidades dos clientes. Depois disso, deveriam ser pesquisadas as características dos intermediários quanto ao tipo de transporte, ao sistema de equipamentos e à armazenagem para que o sistema de distribuição física fosse adequado em todos os seus elementos. Por último, seria recomendado avaliar as características das empresas envolvidas no sistema de distribuição física, definido quanto à solidez financeira, ao composto de produtos (bens e serviços), ao nível de serviço e às estratégias de *marketing*.

Questões para reflexão

1. "Ramo da logística empresarial que trata da movimentação, estocagem e processamento de pedidos dos produtos finais da firma" (Ballou, 1993, p. 40).
2. O nível estratégico é o mais abrangente e trata de decisões gerais acerca das atividades a serem desenvolvidas pela distribuição física, como qual modo de transporte será usado e quais os melhores locais para instalação de armazéns – é uma administração de longo prazo, sendo um trabalho da alta administração. O nível tático cuida da otimização do aproveitamento dos recursos determinados pela administração estratégica e colocados à disposição para a atividade de distribuição física – é uma administração de curto prazo, em nível de gerência. O nível operacional deve garantir que a distribuição física funcione, que o produto seja entregue e que o cliente seja atendido – é uma atividade diária ao nível de supervisão.
3. O objetivo de qualquer sistema logístico é satisfazer os clientes. Esse objetivo é alcançado, em grande parte, por meio da consecução das atividades da distribuição física, a qual, de acordo com Christopher (2013), consiste em viabilizar a disponibilidade de produto. Assim, como explicam Alvarenga e Novaes (2000), a distribuição física ocupa um lugar de destaque nos problemas logísticos das empresas não apenas em função dos

custos envolvidos, mas também pela necessidade de melhorar os níveis de serviço de atendimento aos clientes. Portanto, trata-se de uma atividade essencial dentro da logística, capaz de contribuir para a obtenção de um diferencial competitivo.

4. Quanto mais alto for o nível de serviço oferecido pela distribuição física, mais os custos logísticos aumentarão, com taxas crescentes em proporção à melhoria do nível de serviço ofertado.

5. O *cross-docking* é um tipo de estratégia de distribuição física em que os produtos são redirecionados sem haver uma estocagem prévia. Os produtos são distribuídos continuamente, dos fornecedores para os clientes, por meio dos armazéns ou centros de distribuição (CDs). Essa estratégia permite que as entregas sejam realizadas em menor tempo e que não seja necessário disponibilizar espaço físico para a estocagem de produtos.

Capítulo 4

Questões para revisão

1. b
2. a
3. d

Distribuição exclusiva: apenas uma empresa atua em cada região demarcada pelo fabricante do produto. Essa distribuição é chamada *amplitude unitária*.

Distribuição seletiva: mais de uma empresa atua em mesmo mercado, mas de forma controlada. Essa distribuição é chamada *amplitude múltipla*.

Distribuição intensiva: empresas atuam no mesmo mercado, sem restrições de participantes por região. Essa distribuição é chamada *amplitude múltipla e aberta*.

4. Os objetivos são:
   - "garantir a disponibilidade rápida do produto nos segmentos do mercado [...];
   - intensificar ao máximo o potencial de vendas do produto [...];
   - buscar a cooperação entre participantes da cadeia de suprimentos no que se refere a fatores relacionados com a distribuição [...];

- garantir um nível de serviço preestabelecido pelos parceiros da cadeia de suprimento;
- garantir um fluxo de informações rápido e preciso entre os elementos participantes;
- buscar, de forma integrada e permanente, a redução de custos [...]".

5. Inicialmente, seria preciso segmentar o mercado em grupos semelhantes de clientes finais de computadores portáteis na Região Nordeste. Em seguida, deveriam ser definidas os atributos do computador, seu preço e o composto promocional para atender às demandas de seu segmento. Feito isso, seria necessário definir os segmentos de clientes almejados, mantendo-se o foco do canal de distribuição. Depois, seria preciso estabelecer o canal por meio de negociação com parceiros locais da Região Nordeste, podendo-se, por exemplo, iniciar pelas principais capitais. Após essa negociação, poderia ser implementado o canal na prática para identificar os conflitos do canal e tomar ações para gerenciar os conflitos desse canal. O último passo seria, monitorar o canal e os membros parceiros.

Questões para reflexão

1. Os canais de distribuição são sistemas que ligam os fabricantes aos consumidores. Abrangem sistemas que servem para colocar produtos que são originários de um fabricante à disposição de consumidores finais/clientes. Nisso podemos incluir organizações como varejo, atacado, distribuidores, entre outras.
2. Duas propriedades principais de um canal de distribuição são a extensão e a amplitude. A extensão está ligada ao número de níveis intermediários na cadeia de suprimentos, desde a manufatura até o consumidor final. A amplitude, também chamada *largura do canal*, é representada pelo número de empresas que atuam no canal.
3. Distribuição exclusiva – exemplo: bolsas Victor Hugo, revendas de automóveis e motos de luxo. Distribuição seletiva – exemplo: eletrodomésticos diversos como geladeiras, móveis e artigos esportivos. Distribuição intensiva – exemplo: chocolates, canetas básicas, produtos vendidos em supermercados.

4. Canais verticais: a responsabilidade é transferida de segmento a segmento da cadeia como um bastão em uma corrida de revezamento. O fabricante envia um caminhão repleto de mercadorias ao atacadista; o atacadista desconsolida os lotes e vende lotes menores aos varejistas; o varejista interpreta as preferências do consumidor, as tendências de demanda e as necessidades de serviços pós-venda. Há uma troca bastante limitada de informações.

Canais híbridos: as funções do canal são distribuídas pelos elementos que o integram. Obrigam as partes a ter uma grande transparência na troca de informações, proporcionando, assim, maior precisão no cálculo dos custos envolvidos, parcerias bastante estruturadas, com compromissos de médio e longo prazo, objetivos claros e duplicidade de atuação de alguns dos elementos da cadeia de suprimentos.

Canais múltiplo: são estruturas mercadológicas em que são adotados vários canais de distribuição para a venda de produtos a segmentos de mercado com perfis distintos de consumidores. Com isso, há maior disponibilidade de produtos ou serviços e pode haver perda de mercado de um canal de distribuição pela interferência de um agente com maior competitividade no mesmo canal.

5. Necessidade de conquistar vantagem sobre o concorrente; aumento do poder crescente dos distribuidores; necessidade de reduzir os custos de distribuição; revalorização do crescimento das empresas fabricantes; e impacto do crescente papel da tecnologia.

Capítulo 5

Questões para revisão

1.
   F
   V
   V

2.
   V
   F
   V

3. c

4. A roteirização é responsável pelo planejamento de entregas ou rotas de coleta de um ou vários armazéns para uma série de cidades ou clientes geograficamente dispersos, sujeitos a restrições adicionais. Alguns exemplos de atividades que necessitam de roteirização são: entrega de dinheiro em caixas eletrônicos, coleta de lixo urbano e rotas de aviões de companhias aéreas.

5. Existem diversas semelhanças e diferenças. Entre as semelhanças uma está relacionada ao desenvolvimento da rota de entrega dos alunos e das encomendas no destino final. Uma diferença é o desenvolvimento da rota de coleta de alunos, que é realizada individualmente pelo transporte escolar em várias residências; no caso do correio, a coleta é realizada unificada num centro de distribuição.

Questões para reflexão

1. A importância do transporte nas atividades logísticas está relacionada ao custo desse serviço, uma vez que este pode comprometer de um a dois terços dos custos logísticos. Como as margens de lucro dependem dos custos, os reflexos destes últimos naquelas são imediatos.

2. Decisões: por exemplo, a definição de um conjunto de veículos e respectivos motoristas, envolvendo também a programação e o sequenciamento das visitas. Objetivos: o processo de roteirização visa propiciar um serviço de alto nível aos clientes, mas é preciso, ao mesmo tempo, manter os custos operacionais e de capital o mais baixos possível.

Restrições: em primeiro lugar, as rotas têm de ser completadas com os recursos disponíveis, mas cumprindo totalmente os compromissos assumidos com os clientes; em segundo lugar, devem ser respeitados os limites de tempo impostos pela jornada de trabalho dos motoristas e dos ajudantes. Finalmente, devem ser respeitadas as restrições de trânsito no que se refere a velocidades máximas, horários de carga e descarga e tamanho máximo dos veículos nas vias públicas.

3. Nos problemas sem restrições, "a separação dos clientes por diversos roteiro, já foi realizada previamente e as restrições de tempo e capacidade estão resolvidas" (Novaes, 2007, p. 304). Desse modo, o problema que resta a ser resolvido é o de encontrar a sequência de visitas que torne mínimo o

percurso dentro de uma zona de pontos a serem atendidos. Os problemas de roteirização com restrições estão condicionados aos limites de tempo ou de capacidade do veículo; muitas vezes é preciso fazer as rotas sem que haja uma prévia divisão da região.

4. O método da varredura é mais simples e rápido do que o método CW. Contudo, apresenta um erro médio aproximadamente 10% maior que o do método CW. Outra diferença é que, no método da varredura, as rotas são formadas em dois estágios, com as paradas sendo atribuídas primeiro aos veículos. Por causa desse processo em dois estágios, as questões de tempo, como o tempo total de uma rota e janelas de tempo, não são bem manipuladas. Já no método CW, as paradas e a sequência são calculadas em um único estágio.

5. Um *software* de roteirização proporciona menor tempo de planejamento da distribuição e da montagem de cargas, oferece a possibilidade de criar rotas alternativas e gera indicadores de desempenho para aferir a gestão de transportes.

Capítulo 6

Questões para revisão

1.
   V
   V
2.
   F (Os operadores logísticos estão diretamente ligados à terceirização e são responsáveis por pelo menos três atividades: transporte, armazenagem e gestão de estoque.)
   V
3. c
4.
   - Empilhamento de estoques com mão de obra terceirizada.
   - Transporte de produtos entre produtores e varejistas em transportadoras.
   - Arrendamento de armazéns refrigerados para estocagem de produtos congelados.

5.
- Definir as atividades logísticas de apoio que podem ser terceirizadas;
- Pesquisar sobre fornecedores que têm competência nas atividades a serem terceirizadas;
- Realizar uma reunião com possíveis fornecedores a respeito da atividade a ser terceirizada, buscando levantar informações sobre custos, qualidade, confiabilidade, entre outras.

Questões para reflexão

1. A terceirização traz reduções de custo nas atividades logísticas em conjunto com a melhoria do nível de serviço ao cliente, desde a facilidade de compra até o suporte pós-venda.

2. Operador logístico é o fornecedor de serviços logísticos especializado em gerenciar todas as atividades logísticas, ou parte delas, nas várias fases da cadeia de suprimentos, agregando valor ao produto. Assim, deve ter competência para, no mínimo, prestar simultaneamente serviços nas três atividades consideradas básicas: controle de estoques, armazenagem e gestão de transporte. Exemplo: LOGVALE Operador Logístico, que atua em todo o país prestando os serviços logísticos de armazenagem, distribuição e transferências, especializado em operações para grandes indústrias, centros de distribuição, distribuidores e atacadistas.

3. As principais vantagens da utilização de operadores logísticos são o foco na atividade central, a redução de investimentos em ativos e o aumento da flexibilidade operacional e tecnológica, refletindo na melhoria do retorno sobre ativos e investimentos. Os principais riscos são o risco estratégico, o risco comercial e o risco gerencial.

4. Novaes (2007, p. 294) indica que,

   na seleção de um OL, devem ser considerados os seguintes fatores, características e competências: compatibilidade de sistemas de informação existentes no OL e o na empresa contratante; referências de outros clientes; reputação da empresa; estabilidade/saúde financeira da empresa; experiência de trabalho nos negócios, como tempo que atua no mercado; compatibilidade da cultura das empresas; facilidade de comunicação entre as empresas; localização e escopo geográfico e; preço dos serviços oferecidos.

5. De acordo com Win (2008, p. 678), as razões de terceirizar para um 4PL são:

- Crescimento de volume e/ou marcas de produtos;
- Necessidade de redução de estoque em excesso combinado com a melhoria do nível serviço ao cliente;
- Aumento da demanda por informações relacionadas à cadeia de suprimentos;
- Uma reorientação do negócio sobre os principais valores de marketing e vendas;
- Baixa acuracidade da previsão de demanda.

Capítulo 7

Questões para revisão

1.
V
F (As medidas de desempenho logístico podem ser classificadas em mensuração interna e externa. A mensuração interna concentra-se em comparar atividades e processos com metas e/ou operações anteriores e é utilizada frequentemente, pois permite à gerência compreender a origem de informações internas como custo, atendimento ao cliente, produtividade, qualidade e gestão dos ativos.)

2. d

3. a

4. Terceirização de ativos; crescimento intensivo da tecnologia da informação; atuação dos diversos atores nas cadeias de valores (produtiva); formação de cadeias sustentáveis de suprimentos; conhecimento tecnológico e gerencial.

5. A avaliação de desempenho tem como principal função fornecer um panorama geral da percepção do cliente e medir a relevância conferida a determinados atributos. O resultado da avaliação de desempenho traz um cenário no qual é possível determinar a distância existente entre o que o cliente valoriza e que lhe é efetivamente entregue. Na logística, um elemento crítico de sucesso é desenvolver sistemas de medição de desempenho que permitam a avaliação de seu processo e deseu impacto na competitividade.

Questões para reflexão

1. Segundo Corrêa (2014, p. 106), a avaliação do desempenho logístico é composto por:

   - Medição de desempenho: é o processo de quantificação da eficácia e eficiência das ações tomadas por uma operação.
   - Medidas de desempenho: são as métricas usadas para quantificar a eficácia e a eficiência das ações.
   - Sistema de medição de desempenho: é um conjunto coerente de métricas usado para quantificar a eficácia e a eficiência das ações.

2. Podemos citar as seguintes características:
   1. ser alinhada às prioridades competitivas da operação;
   2. prover *feedback* rápido e de forma precisa;
   3. ser relevante;
   4. ser claramente definida;
   5. focalizar o melhoramento;
   6. pertencer ao ciclo de controle;
   7. ser mais global do que localizada;
   8. ter propósito específico e definido;
   9. refletir o processo de negócio envolvido;
   10. ser objetiva e não apenas opinativa.

3. Podem ser classificadas em:

   Mensuração interna: concentra-se na comparação de atividades e processos com metas e/ou operações anteriores. É utilizada frequentemente, pois permite à gerência compreender a origem das informações internas como custo, atendimento ao cliente, produtividade, qualidade e gestão dos ativos.

   Mensuração externa: é realizada para monitorar e manter uma perspectiva orientada ao cliente, além de captar ideias inovadoras de outros setores. Nessa categoria, enquadram-se a mensuração da percepção do cliente e o *benchmarking* das melhores práticas.

4. O *benchmarking* é a medição dos produtos, serviços, processos e práticas da empresa em relação aos padrões dos melhores concorrentes e outras empresas reconhecidas como líderes. É parte importante para melhorar o desempenho logístico e compará-lo com o dos concorrentes. Cria um ponto de referência, usando políticas ou padrões logísticos atuais, a fim de despertar a confiança de que os métodos usados representam com exatidão os custos logísticos e o desempenho em serviços aos clientes.
5. Essas inovações ampliam o potencial de relacionamento com o cliente e aumentam a visibilidade do canal logístico, permitindo maior controle ao longo da cadeia. Além disso, o cliente também tende a ficar mais exigente, pois se torna mais informado, sobretudo com relação aos concorrentes e ao mercado.

Sobre os autores

Heráclito Lopes Jaguaribe Pontes

É graduado em Engenharia de Produção Mecânica pela Universidade Federal do Ceará (UFC), especialista em Gestão da Produção pela Universidade Federal de São Carlos (UFSCar), mestre e doutor em Engenharia Mecânica (área de concentração: manufatura) pela Universidade de São Paulo (USP). Atualmente, é Professor Adjunto III do Centro de Tecnologia da Universidade Federal do Ceará (UFC). Tem experiência na área de engenharia de produção, com ênfase em logística, gestão da produção e pesquisa operacional.

Marcos Ronaldo Albertin

É graduado em Engenharia Mecânica pela Pontifícia Universidade Católica do Rio Grande do Sul (PUCRS), pós-graduado em Saúde e Segurança do Trabalho pela Faculdade de Engenharia de Varginha (Fenva), mestre em Engenharia Industrial pela Fachhochschule Bochum, na Alemanha, doutor em Engenharia de Produção pela Universidade Federal do Rio Grande do Sul (UFRGS), pós-doutorado em Monitoramento de Sistemas Produtivos pelo Bremer Institut für Produktion und Logistik (Biba) e pós-doutorado em *Benchmarking* pelo Fraunhofer Institut für Produktionsanlagen und Konstruktionstechnik (IPK), ambos na Alemanha. Atualmente, é professor associado do Centro de Tecnologia da Universidade Federal do Ceará (UFC). Trabalhou nas empresas Mangels, Zahnrad Fabrik, Opel, Marcopolo e Dana e tem experiência em ISO 9001, TS 16949, sistema Toyota de produção e gestão da qualidade.

Impressão:
Julho/2017